KASPAR HAUSER
OU
A FABRICAÇÃO
DA REALIDADE

CB011870

CIP-Brasil. Catalogação-na-Publicação
Câmara Brasileira do Livro. SP

Blikstein. Izidoro, 1938-
B595k Kaspar Hauser, ou A fabricação da realidade
Izidoro Blikstein. – 9. ed. – São Paulo: Cultrix, 2003
Bibliografia.
1. Comunicação não-verbal 2. Comunicação lingüística.
3. Hauser, Kaspar, 1822?-1833 4. Linguagem 5. Percepção
6. Semiótica I. Título. II. Título: A fabricação da realidade.

	17.	CDD-001.5
	18.	-001.54
	17. e 18.	-153.7
	17. e 18.	-410
	17.	-419
83-1398	18.	-001.56

Índices para catálogo sistemático:

1. Apreensão perceptiva : Psicologia   153.7
2. Comunicação lingüística   001.5 (17.) 001.56 (18.)
3. Comunicação não-verbal   419 (17.) 001.56 (18.)
4. Linguagem : Comunicação 001.5. (17.) 001.54 (18.)
5. Percepção : Psicologia   153.7
6. Semiologia : Lingüística   410 (17. e 18.)
7. Semiótica : Lingüística   410 (17. e 18.)

IZIDORO BLIKSTEIN

KASPAR HAUSER
OU
A FABRICAÇÃO
DA REALIDADE

**Editora
Cultrix**
SÃO PAULO

O primeiro número à esquerda indica a edição, ou reedição, desta obra. A primeira
dezena à direita indica o ano em que esta edição, ou reedição foi publicada.

Edição

Ano

11-12-13-14-15-16-17

09-10-11-12-13-14-15

Direitos reservados
EDITORA PENSAMENTO-CULTRIX LTDA.
Rua Dr. Mário Vicente, 368 – 04270-000 – São Paulo, SP
Fone: 2066-9000 – Fax: 2066-9008
E-mail: pensamento@cultrix.com.br
http://www.pensamento-cultrix.com.br

Para Carlos e Reveca, da Casa Confiança,
Araguari, Minas Gerais.

Para Ester, Paulo, Daniel, Flávia
e
Para o Prof. I. N. Salum

SUMÁRIO

ÍNDICE DAS ILUSTRAÇÕES

I

Kaspar Hauser e o deciframento do mundo

De onde veio Kaspar Hauser? Quem matou Kaspar Hauser?

Tais perguntas poderiam justificar *O Enigma de Kaspar Hauser*, título brasileiro do filme *Jeder für sich und Gott gegen alle* (1974), do cineasta alemão Werner Herzog. E a verídica e obscura personagem tem, de fato, uma história enigmática que pode atiçar a curiosidade "detetivesca" do espectador: criado em um sótão, sem nenhum contacto humano até os 18 anos, Kaspar Hauser aparece em Nurembergue, por volta de 1828, com uma carta em que há referências à sua misteriosa origem; acolhido em casa do criminalista Feuerbach, é assassinado em 1833, mas o crime nunca foi esclarecido. O segredo de Kaspar Hauser resistirá à dissecação de seu cadáver e até mesmo à retalhação de seu cérebro; depois do exame inútil, aos pontificais cientistas — parece que saídos do quadro de Rembrandt — só resta ir embora e dar de ombros cepticamente. Esse final de filme não deixa de ser decepcionante e o enigma muito pouco atrativo para aqueles que, seduzidos pelo título brasileiro, foram ver o filme guiados pela isotopia clássica das novelas policiais.

Mas, se começarmos a "leitura" do filme pelo título original, perceberemos talvez que o melhor enigma é bem outro. Com efeito, *Jeder für sich und Gott gegen alle*, "Cada um por si e Deus contra todos", é um anti-refrão que embaralha logo de início a ótica tradicional, plantada no senso comum da cultura ocidental. Subversão de nosso aparelho perceptivo-cognitivo: esta deve ser a isotopia básica a iluminar a significação mais profunda da história de Kaspar Hauser, vista por W. Herzog. De fato, pior do que os enigmas atirados ao espectador, é o estranho mundo em que se vê, de repente, plantado, atônito, perplexo, o próprio Kaspar Hauser. Seu olhar fixo diante de pessoas, ruas, casas, objetos, paisagens. Tudo assusta. As dimensões, os movimentos, a lógica, a perspectiva, o pensamento, a fala, o riso.

FIG. n.º 1: *Kaspar Hauser olha o enigmático mundo de Nurembergue (o ator é Bruno S.)*

FIG. n.º 2: A lição de anatomia do Dr. Deymann, de Rembrandt (1656-Rijksmuseum, Amsterdam), lembra a dissecação do cadáver de Kaspar Hauser

14

Numa recepção mundana, põe-se a chorar e, depois, sùbitamente, retira-se para um aposento onde começa a tricotar. Qual o pássaro de Magritte, em *La Grande Famille*, uma galinha aparece-lhe descomunal e pavorosa.

Fig. n.º 3: *R. Magritte:* La grande famille *(1947)*

Tudo confuso, misturado, desproporcional. O quarto de Kaspar Hauser é maior do que a torre em que se encontra, maior do que a cidade, o mundo talvez. Vejo o filme de Herzog e ouço Bachelard:

"O espaço habitado transcende o espaço geométrico" [1]

E também compreendo as dimensões dos objetos de Magritte:

FIG. n.º 4: *R. Magritte:* Les valeurs personnelles

Apesar de explicado pela linguagem, pelas palavras, por signos lingüísticos, enfim, a paisagem em que foi colocado Kaspar Hauser permanece turva e indecifrável. Tão turva quanto as sombras que se movem nos desertos de seus pesadelos. Conhecer o mundo pela linguagem, por signos lingüísticos, parece não bastar para dissolver o permanente mistério e a perplexidade do olhar de Kaspar Hauser. Talvez porque a significação do mundo deve irromper antes mesmo da codificação lingüística com que o recortamos: os significados já vão sendo desenhados na própria percepção/cognição da realidade.

Kaspar Hauser: linguagem, mundo, realidade, percepção, significação, cognição... assim é que, procurando desvendar os enigmas do filme de Herzog, fui sendo levado, pouco a pouco, a revisitar um antigo e problemático tema, situado num entroncamento por onde passam a lingüística, a semiologia, a antropologia, a teoria do conhecimento etc.: trata-se da relação entre língua, pensamento, conhecimento e realidade. Até que ponto o universo dos signos lingüísticos coincide com a realidade "extralingüística"? Como é possível conhecer tal realidade por meio de signos lingüísticos? Qual o alcance da língua sobre o pensamento e a cognição?

Fig. n.º 5: *"Cada um por si e Deus contra todos"* (Jeder für sich und Gott gegen alle): *Kaspar Hauser, a caminho de Nurembergue, dorme exausto, sob a vigilância de seu preceptor.*

II

Signo, significação
e realidade

Repetidas em diferentes formulações, ao longo dos tempos, em diversas culturas, e mais particularmente na **grega** (Platão, Aristóteles, os estóicos), tais questões ficariam aparentemente resolvidas na lição clássica de Santo Agostinho, ao assinalar o caráter vicário do signo:

"Toda ciência trata das coisas ou dos signos, mas as coisas se aprendem pelos signos..."

"Estas, com efeito, são coisas tais que são também signos das outras coisas..."

"Compreende-se então aquilo que chamo de signos: são as coisas que se empregam para significar algo..." [2]

"Um signo é, com efeito, uma coisa que, além da impressão que produz nos sentidos, faz vir, por si mesma, uma outra coisa ao pensamento..." [3]

O signo seria, afinal, algo que substitui ou representa as *coisas*, isto é, a *realidade*. Baseada na noção de representatividade do signo, essa teoria semiológica fará escola. Guardadas as devidas proporções, outro não é o ponto de partida da lingüística e da semiologia contemporâneas. Para Charles S. Peirce, um dos fundadores da semiótica, a característica básica do signo é a de poder representar as coisas ou objetos: "Mas, para que algo possa ser um signo, esse algo deve 'representar', como costumamos dizer, alguma outra coisa..." [4]

Para F. de Saussure, o desbravador da semiologia na Europa, não são as *coisas*, mas os *signos*, que circulam entre o falante e o ouvinte, no circuito da fala (*circuit de la parole*). Considerando que o signo não liga "uma coisa e um nome, mas um conceito e uma imagem acústica" [5] ou melhor, um significado e um significante, e ainda que a relação entre significado e significante não é natural, mas se estabelece por um consenso social, Saussure retoma a tradição aristotélica do convencionalismo dos signos, reiterando o ponto de vista de W. D. Whitney [6] acerca da arbitrariedade da relação nome/conceito. Em princípio, então, ao captar a palavra *árvore*, o ouvinte extrai (ou decodifica) o seu significado de tal modo a identificar a *coisa* ou objeto extralingüístico a que o falante se refere. Saussure nos mostra como o acesso às *coisas* extralingüísticas está condicionado pelos signos:

> "Quer busquemos o sentido da palavra latina *arbor*, ou a palavra com que o latim designa o conceito 'árvore', está claro que somente as aproximações consagradas pela língua se nos mostram conformes à realidade, e descartamos qualquer outra que se possa imaginar." [7]

O signo representaria a realidade extralingüística e, em princípio, é por meio dele que podemos conhecê-la. A Kaspar Hauser, por exemplo, impingiam todos os tipos de signos, na certeza de que ele compreenderia o insólito ambiente que o cercava. Cabe observar que essa inculcação semiológica não ocorre apenas com Kaspar Hauser: de um modo geral, todo processo educativo e de socialização é tributário da representatividade do signo; vale dizer que a educação, via de regra, não passa de uma construção semiológica que nos dá a ilusão da realidade. "O que é inferno?" pergunta angustiado o menino mais velho, em *Vidas Secas*, e, na ausência de resposta mais convincente, fica repetindo e degustando o signo *inferno*, diante do olhar solidário da cachorra Baleia; denunciando o ilusionismo semiológico, atalha Graciliano Ramos:

> "Ele tinha querido que a palavra virasse coisa..." [8]

III

O triângulo de Ogden e Richards
e a significação lingüística

A insuficiência da relação comumente estabelecida, no processo da cognição, entre signos e coisas vem
sendo insistentemente assinalada na lingüística, na psicologia, na antropologia, na teoria do conhecimento
etc.; sob diferentes enfoques, nas diversas "escolas"
lingüísticas e semiológicas, a dicotomia significante/

significado e, num plano mais geral, a vinculação signo/realidade vêm sendo revistas, criticadas, ampliadas e desdobradas em formulações bem mais complexas, com as quais os estudiosos têm procurado iluminar, a partir de diferentes aparelhamentos teóricos, os ângulos de um problema primeiro e maior: a natureza e o lugar do acontecimento semântico. Como e quando eclode a significação? Em que momento da cognição irrompe o significado? Qual é o mecanismo da semiose, enfim?

No cipoal das numerosas e variadas correntes lingüísticas e semiológicas, empenhadas em situar o significado lingüístico no processo cognitivo, o triângulo de Ogden e Richards fez história e foi, por assim dizer, o "ovo de Colombo" da semântica: procurando justamente definir o "significado de significado", C. K. Ogden e I. A. Richards [9] lançaram a figura do *referente*, isto é, a *coisa* extralingüística, que distinguiam nitidamente de *referência*, ou significado lingüístico; ficavam assim superadas, aparentemente, as relações dicotômicas entre significante e significado, ou entre signo e realidade, ou ainda entre signo e pensamento, na medida em que *símbolo* (signo, ou melhor, significante, para Saussure), *referência* ou *pensamento* (significado, para Saussure) e *referente* (coisa ou objeto extralingüístico) passavam a figurar numa relação triádica, esquematizada num triângulo que ficaria clássico na lingüística e na semiologia: [10]

Vale lembrar que, apesar de consagrada no "triângulo de Ogden e Richards", essa relação triádica é antiga. Com efeito, já se pode detectar no aparelho conceitual dos estóicos, por exemplo, uma disposição trian-

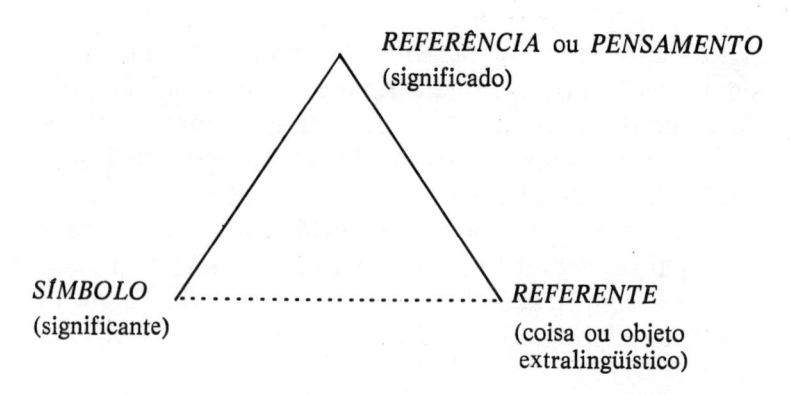

REFERÊNCIA ou *PENSAMENTO*
(significado)

SÍMBOLO .... *REFERENTE*
(significante) (coisa ou objeto
extralingüístico)

GRÁFICO n.º 1: *O triângulo de Ogden e Richards*

gular entre o δημαῖνον (*semaînon*, "significante"), o δημαινόμενον (*semainómenon*, "significado") e o πρᾶγμα (*prâgma*, "objeto")[11]; relação semelhante é estabelecida por Santo Agostinho entre *verbum, dicibile* e *res*[12], pelos escolásticos, entre *vox, conceptus* e *res*[13], pelos lógicos de Port Royal, entre *nom, idée* e *chose*[14] etc. Todavia, em que pese a longa tradição de uma teoria ternária do signo, a situação da coisa ou objeto extralingüístico tem sido uma questão nebulosa: na verdade, a inclusão do *referente* não implicou a captura da realidade extralingüística. Pelo contrário, paradoxalmente, foi até um modo de descartá-la da lingüística e da semiologia, afrouxando ou rompendo eventuais e promissores laços entre estas e a psicologia, a antropologia e a teoria do conhecimento. Para tanto, basta observar como Ogden e Richards interpretam as relações do triângulo:

1) situam o significado no vértice da *referência*, como produto de um contrato ou código social, estabelecido entre o *símbolo* (ou significante) e a *referência* (tam-

bém para Saussure, o significante vincula-se a um determinado significado mediante uma "espécie de contrato estabelecido entre os membros da comunidade") ; [15]

2) elegem, como mais relevante, a relação entre *símbolo* e *referência* (significante e significado, em termos saussuarianos) ;

3) consideram que a relação entre *referência* e *referente* (ou significado e objeto extralingüístico) é mais ou menos direta — o que não deixa de ser uma interpretação superficial e confusa;

4) afirmam que não há nenhuma relação direta e pertinente entre *símbolo* e *referente*. [16]

Em suma, a realidade extralingüística não seria decisiva para a articulação do significado dos signos; o que importa é que a relação entre símbolo e referência seja *correta* e até *lógica*. Tal postura "logicista" vai levar, inevitavelmente, à expulsão do referente: com efeito, para Ogden e Richards, "a teoria das relações diretas entre palavras e coisas é a origem de quase todas as dificuldades com que o pensamento se defronta..." [17] e, na medida em que procuram elaborar uma doutrina das condições formais da verdade dos símbolos (ou signos), a sua obra constitui "uma tentativa de enfrentar as dificuldades suscitadas pela influência da linguagem sobre o pensamento" [18]. Mas uma teoria semântica mais abrangente mostrará como é enviesada a expectativa de que a relação língua/pensamento, língua/conhecimento, ou símbolo/referência, ou significante/significado, deva ser *correta, lógica* e *verdadeira*. Como bem observou E. Coseriu, a mania logicista "...é um dos lugares-comuns que — com arrogância não justificada pelas dimensões de suas idéias, e entre confusões de toda índole — proclamam C. K. Ogden e I. A. Richards... Isto para não falar das idéias, ainda mais extravagantes, de A. Korzybsky, *Science and Meaning*, Lancaster Pa., 1933, e de sua escola 'antiaristotélica' de neo-'semanticistas', para quem a maioria dos males do mundo se deveria ao uso impróprio das palavras".[19] Pois bem, com essa espécie de semântica "terapêutica", Ogden e Richards vão preocupar-se sempre com a relação *correta* entre símbolo e referência (significante/significado) e a afastar o referente de uma teoria do significado lingüístico. O descarte do referente vai limitar a perspectiva semiológica de Ogden e Richards, voltados sempre para o lado esquerdo do triângulo, onde estão situados o símbolo e a referência. Enredadas pela estrutura ternária do signo, toda a semântica e a semiologia ficaram profundamente vincadas por essa linha teórica: o triângulo será citado, reproduzido, plagiado, criticado, desfigurado, transformado até em trapézio (como fez K. Heger[20]), mas... até certo ponto, pode-se dizer que os seus três lados continuam cercando lingüistas e semilólogos, que, apesar de seus sofisticados aparelhos teóricos, ainda não souberam transpor as fronteiras da relação triádica e nem definir os contornos do referente.

IV

Outros triângulos e o descarte
do referente "extralingüístico"

Assim, na esteira de Ogden e Richards, aparece, por exemplo, S. Ullmann, cuja obra [21], particularmente o clássico *Semantics*, é uma síntese das teorias semânticas até a década de 60. A exemplo de Ogden e Richards, Ullmann também descarta o referente:

"Para um estudo lingüístico do significado, o triângulo básico oferece, ao mesmo tempo, de menos e demais. *Demais, porque o referente, o aspecto ou acontecimento não--lingüístico, como tal, fica nitidamente fora do âmbito da lingüística*" (grifos meus).[22]

E determina, categórico, a postura ortodoxa do lingüista:

"O lingüista terá, portanto, o cuidado de limitar a sua atenção *ao lado esquerdo do triângulo* (grifos meus), à ligação entre 'símbolo' e 'pensamento ou referência'." [23]

A tradição do triângulo é tão marcante que, apesar de críticas e reparos que lhe têm sido feitos, renomados lingüistas o usam em suas lucubrações semânticas, mas com o rótulo de "triângulo de Ullmann" (!). Assim, apesar de reconhecer Ogden e Richards como pioneiros da concepção triádica do signo, K. Baldinger adverte ter adotado, na fundamentação de sua *Teoría Semántica,* de 1970, " . . . a disposição triangular algo simplificada de S. Ullmann" [24], a saber:

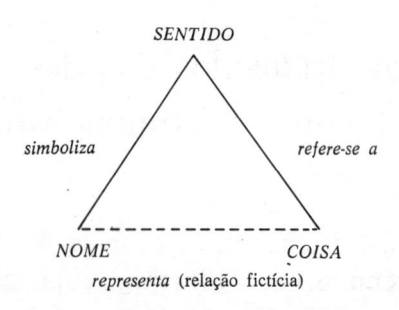

GRÁFICO n.º 2: *O triângulo de Ullmann* [52]

O apego ao modelo de Ullmann é tão ofuscante que Baldinger chega a obliterar a formulação original de Ogden e Richards, colocados sintomaticamente *entre parênteses* no título da Primeira Parte de *Teoría Semántica*:

"El Triángulo de Ullmann (Ogden e Richards)"

Os parênteses podem causar espécie, indicando a falta de rigor ou de precisão no que respeita às bases teóricas de Baldinger (afinal, o triângulo é de Ullmann ou de Ogden e Richards?), mas esse aparente "lapso" científico é muito mais um sintoma de que a adoção do esquema de Ullmann, insistentemente proclamada por Baldinger ("El triángulo de Ullmann es, lo repito, nuestro punto de partida..." [26]), não representou propriamente um avanço teórico e metodológico e ainda que continuou prevalecendo o viés traçado por Ogden e Richards no exame da relação língua/conhecimento/realidade. Na verdade, o que Baldinger chama de "triângulo de Ullmann" é ainda o triângulo de Ogden e Richards... com outros nomes e, para tanto, basta observar a sua reprodução em *Teoría Semántica*:

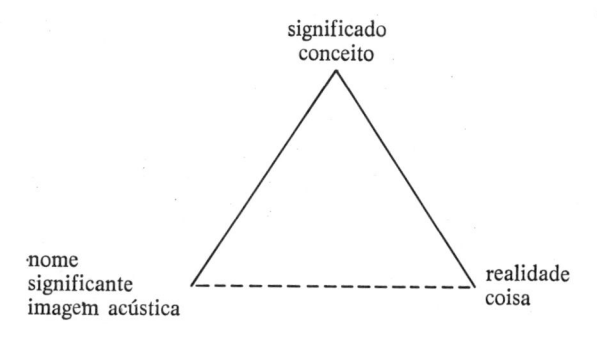

GRÁFICO n.º 3: *O triângulo de Baldinger* [27]

A sobrecarga de termos nos vértices do triângulo não constitui acréscimo algum ao modelo de Ogden e Richards, pois trata-se da mesma relação triádica, a qual continua aliás sendo encarada do mesmo modo: a "coisa" (ou referente) continua sendo extralingüística e, portanto, marginalizada do processo da significação lingüística. Por outro lado, a fecunda noção de *objeto mental*, lançada por Baldinger, e que permitiria, em princípio, a captura do referente ou "coisa", vai reiterar, ao contrário, a sua marginalização; é que *objeto mental*, nos esquemas triangulares de Baldinger, coincide exatamente com a referência (ou significado) de Ogden e Richards, como se pode verificar no triângulo abaixo (já agora de Baldinger!):

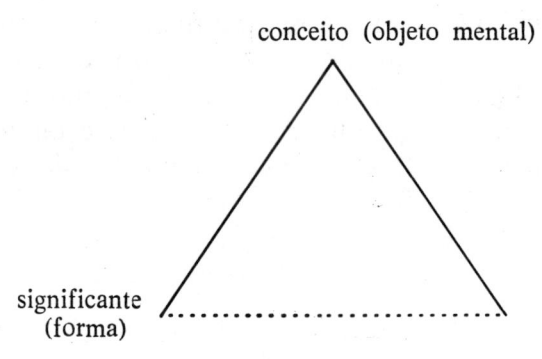

conceito (objeto mental)

significante (forma)

GRÁFICO n.º 4: *O objeto mental* [28]

Citado e explorado por Baldinger, o trapézio de K. Heger constitui, sem dúvida, uma versão mais matizada do triângulo de Ogden e Richards/Ullmann/Baldinger, mas é uma ilusão pensar que tenha ido além da relação triádica:

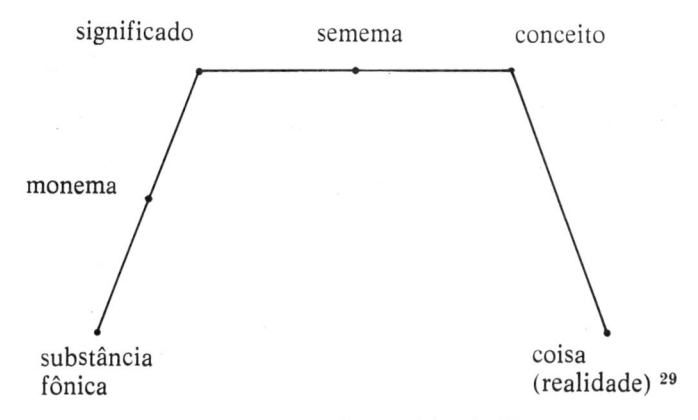

GRÁFICO n.º 5: *O trapézio de Heger*

É evidente que Heger conseguiu divisar melhor as etapas da estruturação do conteúdo do signo, desde a substância fônica (ou significante) até o conceito: a substância fônica liga-se primeiro a um monema (ou unidade significativa) e este, por sua vez, deverá ¡conduzir ao significado (conjunto de todas as significações), depois ao semema (conjunto de semas, ou traços semânticos) e finalmente ao conceito; mas... continua vazia a passarela que ligaria a "coisa"/realidade/referente ao signo lingüístico. O referente continua fora da semântica e da semiologia, embora se verifique sempre a sua incômoda presença nos bem-arranjados modelos e esquemas dos lingüistas.

V

A semiologia nas malhas
do triângulo de Ogden e Richards

O recurso ao triângulo de Ogden e Richards para a definição do significado não ocorre apenas em Ullmann, Baldinger e Heger. Na linha de frente da semiologia contemporânea, U. Eco também lança mão do clássico diagrama para situar a tarefa do semiólogo; depois de reproduzir o tão repetido triângulo (nem sempre deixando muito claro o que foi proposto por Ogden e Richards e o que pertence a Ullmann), Eco descarta categoricamente o referente ou a "coisa" extralingüística, chegando até a repetir Ullmann, ao reivindicar o lado esquerdo do triângulo como o único a ser investigado pelo semiólogo. Assim, na sua primeira "profissão de fé" semiológica, *Opera aperta* (*Obra Aberta*), de 1962, já se podia delinear o perfil teórico de Eco, a partir de ponderações como:

> "São infinitas as discussões sobre as relações entre símbolo, referente e referência. Aqui assumiremos apenas que, numa perspectiva semiológica, *o problema do referente não tem qualquer pertinência*".[30]

> "A presença do referente, sua ausência ou sua inexistência, *não influem no estudo de um símbolo enquanto usado em determinada sociedade em relação a determinados códigos*".[31]

U. Eco está seguindo tão de perto a orientação teórico-metodológica de Ogden e Richards/Ullmann que, ao definir o método de análise da semiologia, chega a repetir exatamente as palavras de Ullmann:

> "Nesse sentido, portanto, *a semiologia considera apenas o lado esquerdo do triângulo de Ogden-Richards*"[32] (grifos meus).

Dez anos depois, não mudou a postura de Eco; de fato, em *Le forme del contenuto*, de 1971, considera que "as coisas eram conhecidas só através das unidades culturais que o universo da comunicação fazia circular *em lugar das coisas*"[33]. A evidente proximidade entre *unidade cultural* e referência/significado/objeto mental indica, mais uma vez, o descarte do referente, o que pode ser confirmado, aliás, pela seguinte advertência de Eco:

"... é preciso aceitarmos a idéia de que a noção de referente, útil indubitavelmente aos físicos ou aos lógicos, é inútil e daninha à Semiótica".[34]

Na mesma obra, entretanto, Eco falará de "semiotização do referente", ao considerar que certos *signos cinésicos icônicos* (isto é, signos visuais que mimetizam movimentos, situações ou objetos) não são mais do que *uma parte do referente empregada como significante*.[35]

Surge a dúvida: afinal, o referente deve ou não estar presente nas cogitações semiológicas? E o que será *referente* para U. Eco? Examinando atentamente os textos de suas obras, fica a impressão de uma postura teórica um tanto confusa no que respeita a uma definição rigorosa de significado, unidade cultural, referência e referente; poder-se-ia dizer mesmo que, também aqui, o avanço em relação a Ogden e Richards é aparente e ilusório, pois Eco parece ainda cercado pelas três "paredes" do indefectível triângulo. Basta retraçar o itinerário conceitual do renomado semiólogo italiano num texto recente que pode representar bem a síntese de seu ensinamento, a saber, *A theory of semiotics*, de 1976 [36]. Nesta obra, U. Eco pretende que o *significado* deva ser despojado de toda espécie de "hipotecas referenciais" e volta à noção de *unidade cultural*, ao definir o significado lingüístico:

"... o significado de um termo é uma UNIDADE CULTURAL." [37]

Como se vê, o referente (ou a "coisa" extralingüística) é afastado das especulações semiológicas sobre a significação, na medida em que estas se resolvem com a noção de *unidade cultural*. Mas um embaraço novamente se desenha quando Eco define *unidade cultural*:

> "Em todas as culturas, uma unidade cultural é simplesmente algo que essa cultura definiu como unidade distinta de outras e, portanto, pode ser uma pessoa, uma localidade geográfica, uma coisa, um sentimento, uma esperança, uma idéia, uma alucinação..."[38]

Ora, uma coisa, um sentimento, uma pessoa... não seriam referentes? Tal dúvida nos leva a indagar se seria realmente possível libertar o significado das "hipotecas referenciais". A ambigüidade com que Eco define *unidade cultural* parece mostrar a ilusão do pretendido despojamento. A confusão entre significado (ou referência) e referente vai aparecer claramente no trecho em que, apoiado em Peirce, Eco discute a questão das idéias como *interpretantes lógicos* dos fenômenos e objetos reais:

> "Suponhamos que eu passe por uma rua escura e vislumbre uma forma imprecisa na calçada. Se não a reconhecer, perguntarei: 'Que será?'; mas freqüentemente tal pergunta será assim formulada: 'Que significa?'; se, depois, fixar melhor os olhos na escuridão e avaliar com mais ponderação os dados sensoriais de que disponho, reconhecerei finalmente o objeto misterioso como um gato. Não fiz outra coisa senão aplicar a unidade cultural 'gato' a um campo impreciso de estímulos sensoriais. Nesse momento, posso inclusive traduzir a experiência perceptiva em experiência verbal e dizer: /vi um gato/, elaborando um interpretante lingüístico de minha percepção."[39]

Analisando cuidadosamente a passagem acima, percebe-se como o próprio Eco ainda está, ironicamente, no "huis-clos" de Ogden e Richards, pois, por mais inovadora e complexa que aparente ser a sua perspectiva, permanece a mesma relação triádica proposta pelos autores de *The meaning of meaning,* em 1923. Com efeito, se, como afirma Eco, *unidade cultural* é o "significado de um termo", estamos novamente em presença de uma estrutura ternária, constituída de *experiência verbal/unidade cultural/campo impreciso de estímulos sensoriais* (= objeto real) e com a seguinte disposição triangular (à maneira de Ogden e Richards):

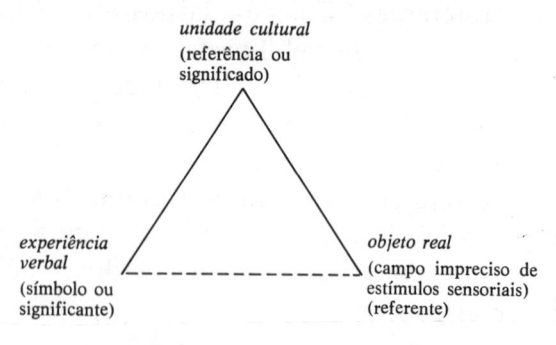

GRÁFICO n.º 6: *O triângulo de Eco*

A ótica de Eco é praticamente a mesma de Ogden e Richards/Ullmann, porquanto a sua atenção está toda voltada para a relação *experiência verbal/unidade cultural,* que corresponde, em última análise, a *símbolo/referência* (significado), ou melhor... o "lado esquerdo" do triângulo! Por outro lado, a noção de *unidade cultural* é ambígua e é nessa hesitação semântica que residirá o maior impasse do modelo de Eco. Não se pode dizer, na verdade, que *unidade cultural* esteja designando apenas o "significado" lingüístico (ou referência) na medida em que se encontra implicada também na *experiência perceptiva,* e não ainda *verbal,* como podemos inferir das observações de Eco no já citado trecho: "Não fiz outra coisa senão aplicar a unidade cultural 'gato' a um campo impreciso de estímulos sensoriais. Nesse momento, posso inclusive *traduzir a experiência perceptiva em experiência verbal"*[40] (grifos meus). Agora, *unidade cultural* estaria situada na *experiência perceptiva,* portanto numa dimensão anterior à da articulação lingüística. Então, sendo anterior à linguagem, *unidade cultural* não poderia justamente ser considerada "extralingüística" e, como tal, coincidir com a velha e tão descartada noção de *referente?* Parece evidente a ambigüidade semântica de *unidade cultural:* embora definida como "significado" de um termo (portanto, referência), ela funciona, no exemplo apresentado por Eco, como *referente.* Assim é que a semiologia chega a um impasse teórico-metodológico: por mais que fujam da figura do referente — sob a alegação de que este é extralingüístico — lingüistas e semiólogos acabam sempre caindo em algo muito parecido com referente, quando ensaiam explicações acerca das condições de produção do significado lingüístico.

VI

A modelagem lingüística do universo

A semiologia, destarte, parece não conseguir livrar--se do referente: *conceito, objeto mental, unidade cultural*... há sempre algo atrás do signo, "extralingüístico", que, situado na dimensão perceptivo-cognitiva, está na base da produção do evento semântico. Todos esses impasses parecem decorrer de um equívoco fundamental: o fato de o referente ser *extra*lingüístico não significa que deva ficar *fora* da lingüística; ele simplesmente está situado *atrás* ou *antes* da linguagem, como um evento cognitivo, produto de nossa percepção. Qualquer que seja o nome de tal "produto", seja *referente, objeto mental* ou *unidade cultural*, fica reconhecida a necessidade do recurso a uma dimensão anterior à própria experiência verbal para a detecção da gênese do significado. Tal dimensão, que não será a realidade "tout court", é a *percepção-cognição*, onde justamente se fabricam os referentes/objetos mentais/ unidades culturais; estes é que, embora desprovidos de um estatuto lingüístico propriamente dito, condicionarão o evento semântico. Mas a maioria dos lingüistas parece não querer levar em conta o *referente* na explicação dos mecanismos de produção do significado. E a conseqüência mais danosa causada pelo descarte do *referente* foi expulsar a dimensão perceptivo-cognitiva do aparelhamento teórico da lingüística e da semiologia, como se a percepção/cognição fosse apenas pertinente à psicologia, à filosofia ou à antropologia. A lingüística deveria, a meu ver, voltar mais a sua atenção para a natureza da experiência perceptivo-cognitiva e procurar detectar a função e o papel desta na configuração do "real" bem como na arquitetura conceitual de nosso pensamento. Seria na percepção-cognição, portanto antes mesmo da própria linguagem, que se desenhariam as raízes da significação.

Na lingüística moderna, entretanto, a tendência dominante tem sido considerar a língua como organizadora da estrutura conceitual do universo e já se tornou lugar-comum afirmar que ela é "o molde do pensamento", ou "o instrumento de análise ou recorte da realidade" (cf. a famigerada expressão da semiologia francesa: "découpage de la réalité"); trata-se, em última análise, da tese clássica de W. von Humboldt, para quem a língua é "o órgão construtor do pensamento" ("*das bildende Organdes Gedanken*")[41]. Na esteira de Humboldt, lingüistas de diferentes "escolas" reafirmariam o primado da língua na *montagem* do pensamento e da significação do mundo. Começarei por W. v. Wartburg, situado na confluência da lingüística histórico-comparativa do séc. XIX com o estruturalismo saussuriano do séc. XX; advogando sempre a importância das relações *língua/povo, língua/história, língua/cultura* no estudo histórico-estrutural dos campos léxico-semânticos, Wartburg proclama a função *modelar* da língua:

> "Temos antes o seguinte: a língua em questão, com a mentalidade inteira nela pré-formada, toma posse do jovem ao encontrar nele um novo receptáculo para si. O seu pensamento é moldado por ela; ela se tornou dona de seu pensamento. Dizemos 'dominar uma língua', mas, na verdade, é ela que nos domina." [42]

Assim pensavam, na Alemanha, os "neo-humboldtianos" J. Trier, J. L. Weisgerber, W. Porzig etc.; para esses lingüistas, as estruturas psíquicas e sócio-culturais dependiam da linguagem na medida em que os "campos semânticos" eram diferentemente organizados em cada língua[43]. De igual modo, a hipótese Sapir-Whorf constituiu a pedra angular da lingüística antropológica americana dos anos 40; em seus estudos sobre as relações entre a língua e a cultura hopi, B. L. Whorf, apoiado nas idéias de E. Sapir, deixa bem claro que categorias mentais como o tempo, o espaço, o sujeito e o objeto são explicadas pelas estruturas lingüísticas.[44]

Tal ponto de vista é reiterado por G. Matoré, representante da lexicologia francesa dos anos 50, também baseada no estudo dos campos semânticos: "Como Sapir e muitos outros lingüistas, penso que, de um modo geral, a palavra é anterior ao pensamento"[45]. Esta ainda é a perspectiva dos principais mentores da lingüística estrutural nas duas últimas décadas; de fato, pode-se ler, em A. Martinet, que "...cada língua organiza à sua maneira os dados da experiência[46]...", ou, em B. Pottier, que "...*o recorte da realidade* varia segundo as línguas [47]...". E a vanguarda da semiologia francesa consagraria o papel "modelante" da língua na construção do pensamento e na organização da realidade. Com efeito, ao encarar a semiologia como uma parte da lingüística (numa inversão da proposta de Saussure [48]), R. Barthes considera que

> "...parece cada vez mais difícil conceber um sistema de imagens ou objetos, cujos *significados* possam existir fora da linguagem: perceber o que significa uma substância é, fatalmente, recorrer ao *recorte da língua* (grifo meu): sentido só existe quando denominado, e *o mundo dos significados não é outro senão o da linguagem* [49] (grifo meu)..."

Coroando essa postura teórico-metodológica, E. Benveniste dirá, mais categoricamente, que

"...*a língua é o interpretante* de todos os outros sistemas, lingüísticos e não-lingüísticos [50]..." (grifos meus)

"...somente a língua possibilita a sociedade [51]..."

"Por essas razões, *a língua é a organização semiótica por excelência* [52]..." (grifos meus).

"...*a grande matriz semiótica* [53]..." (grifos meus).

Mas esse poder "interpretante" da língua parece não abarcar os enigmas de Kaspar Hauser, cuja compreensão esbarra antes na dimensão perceptivo-cognitiva. Se a língua é o "molde" ou a "grande matriz semiótica" da sociedade, é necessário reconhecer que a experiência perceptiva já é um processo (não-verbal) de cognição, de construção e ordenação do universo. Não é o que se tem verificado, em geral, na lingüística e na semiologia: assim, apesar de citar Piaget, U. Eco não chega a explorar as fecundas reflexões do mestre suíço acerca da "percepção como interpretação de dados sensoriais desconexos" [54]. Pois é esta face ainda obscura do mecanismo da significação que importaria esclarecer primeiro: como *percebemos* o mundo, as "coisas", a "realidade"? Com medo de resvalar em "psicologismos" ou em "antropologismos", lingüistas e semiólogos têm sido refratários ao exame da percepção da "coisa" extralingüística. Parece-nos que delegar tal investigação a outras disciplinas, ficar à margem da relação (obrigatória!) entre percepção/cognição e significação lingüística, como se a semiologia bastasse a si mesma apenas com o "lado esquerdo" do triângulo de Ogden e Richards, é enxergar apenas uma face do evento semântico.

VII

A captura
do referente

O "mal-estar" da lingüística para com a percepção/cognição e o referente está bem localizado na seguinte distinção estabelecida pelo semiólogo belga E. Buyssens:

> "A significação é um fato lingüístico cuja estrutura corresponde à estrutura sintática; *o referente é um fato de*

conhecimento cuja estrutura é incognoscível [55]..." (grifos meus).

Encerram-se aqui duas limitações teórico-metodológicas: a) intransponibilidade de fronteiras entre conhecimento e significação lingüística; b) incognoscibilidade do referente. Trata-se, na verdade, de dois clássicos equívocos do pensamento lingüístico que, paradoxalmente, serão desfeitos pelo próprio Buyssens (mau grado seu!) em outra passagem do mesmo texto:

"...o referente é a realidade extralingüística de que falamos, é *o que procuramos sugerir ao ouvinte*..."
"...tanto quanto a significação, o referente é *um fato psicológico* [58]..." (grifos meus).

Ora, se o referente é *um fato psicológico*, por que então considerá-lo *incognoscível?* [57] Por outro lado, apesar de "extralingüístico", o referente, segundo Buyssens, não constitui a realidade propriamente dita, mas *algo que se procura sugerir ao ouvinte.* A exemplo do que ocorre com U. Eco, a flutuação teórica do discurso de Buyssens é um sintoma evidente de que a lingüística e a semiologia não podem descartar o referente. Mas uma releitura de Buyssens pode ajudar-nos a sair desse impasse: se reorganizarmos o texto, escoimando-o de suas contradições e recuperando a sua coerência semântica, constataremos que ele nos diz exatamente o contrário do que nos propõe Buyssens. À guisa de uma "errata", as suas observações poderiam ser assim corrigidas:

onde se lê:	*leia-se:*
— o referente é um fato de conhecimento	— o referente é um produto da dimensão perceptivo-cognitiva
— o referente é um fato psicológico	— o referente é cognoscível
— o referente é o que se procura sugerir ao ouvinte	— o referente tem vinculação direta com a significação lingüística (na medida em que *não* é, mas *representa* a realidade extralingüística)

Assim é que, por um tortuoso itinerário, a lingüística acaba por confessar a necessidade de incluir a percepção/cognição no aparelho teórico da semântica, pois é evidente que a significação lingüística é tributária do referente e que este, por sua vez, é construído pela dimensão perceptivo-cognitiva. A essa altura, cabe uma reformulação das teses "humboldtianas", segundo as quais a língua é "o órgão construtor do pensamento", ou "a grande matriz semiótica" da sociedade, uma vez que o universo e o próprio pensamento já começam a se organizar na percepção/cognição, antes, portanto, da própria linguagem.

Essa revolução nos fundamentos da semântica foi efetivamente promovida pelos estudiosos que ousaram romper com clichês metodológicos de uma lingüística pretensamente ortodoxa. Vale destacar, por exemplo, o avanço epistemológico de A. J. Greimas, ao assinalar a conveniência de

"... considerar a *percepção* como o lugar não-lingüístico em que se situa a apreensão da significação [58] ..."

ou o de E. Coseriu, ao advertir que

"Conseqüentemente, é inútil querer interpretar as estruturações lingüísticas sob o ponto de vista das pretensas estruturas 'objetivas' da realidade: é preciso começar por estabelecer que não se trata de estruturas *da realidade*, mas de estruturações *impostas à realidade* pela interpretação humana [59]."

Com tal deslocamento de perspectivas teóricas, lingüistas e semiólogos deveriam alargar a sua metodologia de análise, voltando-se agora também para o lado direito do triângulo de Ogden e Richards — em que se coloca o referente — e explorando o mecanismo pelo qual a percepção/cognição transforma o "real" em referente. O triângulo passaria a ter uma configuração semiológica mais abrangente; a *realidade* se transforma em *referente*, por meio da percepção/cognição (conforme Greimas) ou da interpretação humana (segundo Coseriu), e o *referente* será obrigatoriamente incluído na relação triádica:

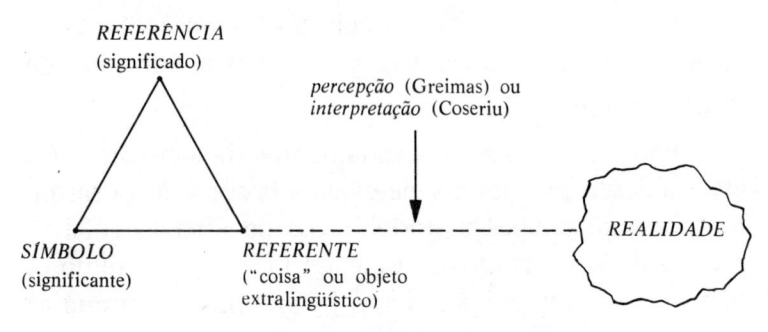

GRÁFICO n.º 7: *Percepção e referente*

O percurso semiológico acima descrito mostra a precariedade teórica do clichê "a língua recorta a realidade": ela não recorta a realidade propriamente, mas o referente ou ... a realidade "fabricada". Na verdade, esse perfil epistemológico da linguagem não é tão novo assim e pode ser resgatado nas entrelinhas de textos bem representativos da história do pensamento lingüístico. Assim é que uma releitura, por exemplo, das reflexões socráticas acerca da relação entre nomes e coisas vai revelar que a noção de realidade "fabricada" já estava implícita na concepção platônica de linguagem; basta lembrar uma passagem do célebre *Crátilo,* de Platão, em que Sócrates define o nome:

> "O nome é, assim, um *instrumento* para instruir e *discernir a realidade...*"
>
> (em grego: "Ónoma ára didaskalikón tí estin *órganon* kai *diakritikòn tês ousías* [60]...") (grifos meus).

Para Platão, a língua constituiria uma *discriminação,* um *recorte* enfim, da *ousía,* "realidade"; mas o termo *ousía,* da mesma raiz de *êinai,* "ser", não significa apenas "realidade": a reflexão platônica sobre o "ser" provocou uma remodelagem semântica de *ousía* que passou a conotar a noção de "substancialidade" [61], ou seja, a realidade filtrada, conceitualizada, "fabricada" por nossa experiência perceptiva. A esse respeito, é oportuno transcrever aqui a análise semântica de *ousía,* proposta por E. Benveniste:

> "Foi precisamente de uma reflexão filosófica sobre o "ser" que saiu o substantivo abstrato derivado de *êinai* (verbo *ser*); vemo-lo criar-se no curso da história: primeiro como *essía* (substantivo *ser*) no pitagorismo dórico e em Platão,

e depois como *ousía,* que se impôs. Tudo o que queremos mostrar aqui é que a estrutura lingüística do grego predispunha a noção de 'ser' a uma vocação filosófica".[62]

Saltando para a lingüística moderna, citaria, ainda a título de exemplo, outro "flash" do pensamento lingüístico que mereceria ser recuperado pela semiologia; ao tentar definir o objeto da lingüística, Saussure observa:

"Bem longe de dizer que o objeto precede o ponto de vista, diríamos que *é o ponto de vista que cria o objeto* [63]..."

Parece-nos que *"o ponto de vista"* corresponde à noção de *percepção* de Greimas, ou à de *interpretação* de Coseriu; já o *objeto* de Saussure, assim como a *ousía* de Platão, deve coincidir com o referente "fabricado". Apesar, então, de nos conduzir à fecunda noção de *objeto* (= referente "fabricado"), ironicamente, essa passagem de Saussure, um dos fundadores da semiologia, não foi ainda explorada ou compreendida pela grande maioria dos lingüistas e semiólogos. Nesse sentido, é bem pertinente a crítica de E. Coseriu:

"A tradição da lingüística é, em larga medida, uma tradição com ocos, sem continuidade, a tal ponto que reiteradamente, voltamos a 'descobrir' as mesmas coisas [64]..."

Façamos justiça, pois, a Platão e a Saussure, enriquecendo o triângulo "ampliado" de Ogden e Richards com as contribuições aqui assinaladas (cf. Gráfico n. 8):

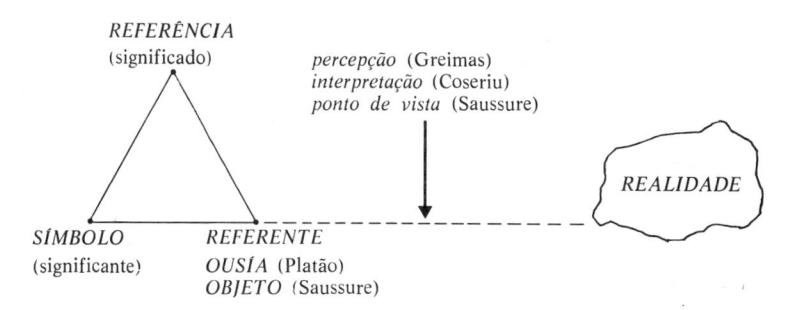

REFERÊNCIA
(significado)

percepção (Greimas)
interpretação (Coseriu)
ponto de vista (Saussure)

REALIDADE

SÍMBOLO
(significante)

REFERENTE
OUSÍA (Platão)
OBJETO (Saussure)

GRÁFICO n.º 8: *A fabricação do referente*

Parece inevitável, pois, reconhecermos que:

a) por obra da percepção/cognição, a semiose irrompe durante a transformação da *realidade* em *referente*;

b) o referente tem uma função semiológica no processo da significação.

Esse avanço epistemológico não explica tudo. A semiologia deveria ir mais longe, procurando compreender os mecanismos de transformação da realidade em referente.

Preocupados com as relações entre linguagem/pensamento/conhecimento/realidade, alguns lingüistas ensaiaram uma descrição do trajeto *realidade-referente-significado*. B. Pottier, por exemplo, fala em *conceitualização* da realidade:

"O estímulo é o mundo da referência (real ou imaginário) Ele é não-finito e não-discreto. O emissor deverá realizar uma apreensão mental desse estímulo para selecionar certo número de elementos da percepção: tudo o que é imaginado ou percebido não é dito. É o fenômeno fundamental da *conceitualização*, ou redução seletiva da referência *R*:

49

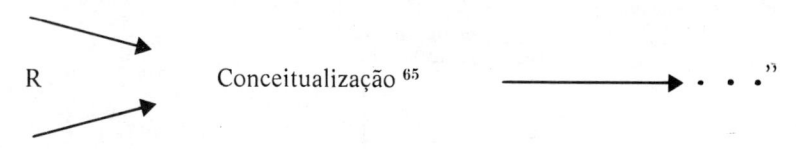

R   Conceitualização [65]   ———————▶ . . ."

GRÁFICO n.º 9: *A conceitualização de Pottier*

Tal explicação, a nosso ver, apresenta-se confusa e insuficiente. Vale apontar, de início, a confusão entre estímulo, referente e referência. Por outro lado, Pottier não define muito claramente a *conceitualização*: não se sabe bem *como* e *por que* o emissor seleciona elementos da percepção e o que sejam esses "elementos da percepção. . ."

Já o modelo proposto por N. Chomsky parece mais satisfatório na medida em que nele podem ser localizados os elementos que tornam seletiva a nossa percepção; para Chomsky, o estímulo físico transforma-se em percepção, depois de interpretado por processos mentais (sistema de crenças, estratégias perceptuais etc.):

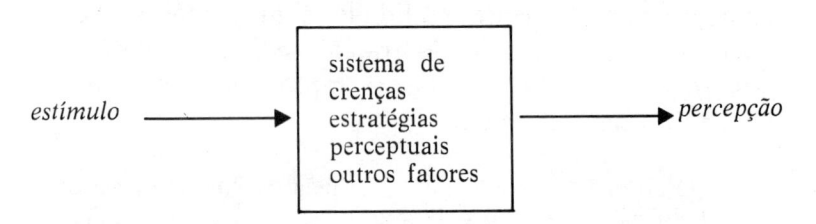

GRÁFICO n.º 10: *Estímulo e percepção* [66]

Pelo esquema acima, pode-se inferir que a nossa percepção não é "ingênua" ou "pura" mas está condi-

50

cionada a um sistema de crenças e estratégias perceptuais, o que já é um progresso em relação à proposta de Pottier. Mas o modelo chomskiano esbarra numa questão problemática para as ciências humanas em geral (lingüística, semiologia, teoria da comunicação, psicologia, filosofia, antropologia cognitiva etc.): os sistemas de crenças e outros fatores condicionantes da percepção resultariam de estruturas biológicas *inatas* ou de uma *construção social?* Ao explicar a origem e a produção das estratégias perceptuais, Chomsky invoca a tese clássica do *inatismo*:

> "...há evidência de *organização inata* do sistema perceptual, altamente específica, em cada nível de organização biológica [67]..."

> "...ser razoável indagar sobre a possibilidade de que complexas estruturas intelectuais sejam estreitamente determinadas por *organização mental inata* [68]..."

> "Este sistema consistiria de determinadas condições sobre a natureza do sistema de crenças que podem ser adquiridas de *estratégias indutivas inatas* [69]..." (grifos meus).

VIII

Práxis, referente
e linguagem

Kaspar Hauser, entretanto, nos levaria a questionar o *inatismo,* pois os seus "enigmas" de cognição e compreensão do mundo estão a indicar que a percepção depende sobretudo de uma *construção* e de uma *prática social.* Sabemos que, do nascimento à maturidade, Kaspar Hauser esteve isolado de qualquer contexto ou prática social; pois bem, o que podemos verificar na sua experiência é que, a despeito da ação da linguagem (adquirida na fase adulta) ou de uma eventual organização mental inata, Kaspar Hauser não consegue captar o mundo como o faz a sociedade que o cerca. Fica evidente então que o seu sistema perceptual está desaparelhado de uma *prática social*. E é nessa *prática social* ou *práxis* que residiria o mecanismo gerador do sistema perceptual que, a seu turno, vai "fabricar" o referente. O itinerário *realidade/referente/linguagem* seria assim ampliado:

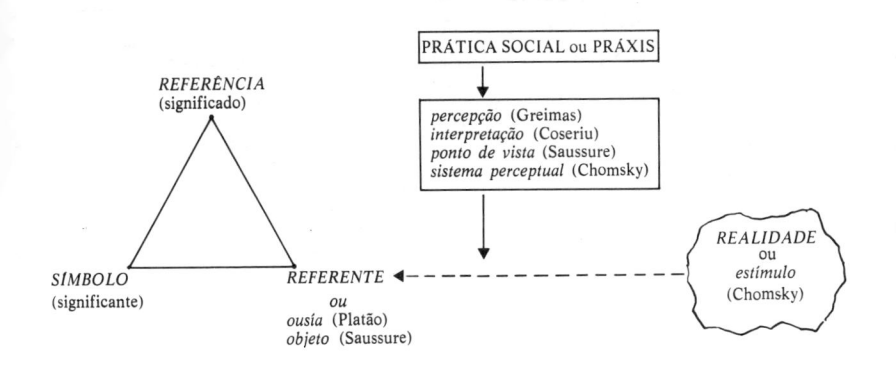

GRÁFICO n.º 11: *Práxis, percepção e referente*

Pelo gráfico apresentado, seria esta a ordem das etapas de "fabricação" do *referente*: 1) "realidade"/ estímulos; 2) prática social ou práxis; 3) percepção/

interpretação/ponto de vista/sistema perceptual; 4) referente. Para uma caracterização semântica mais precisa destes itens, consideramos que, na etapa n.° 3, *percepção/interpretação/ponto de vista/sistema perceptual* implicariam dois traços semânticos fundamentais: a) a captação ou percepção da realidade e b) o conhecimento, por ação da prática social; por isso, sintetizamo-la com o nome de *percepção/cognição*. Por outro lado, a expressão *prática social* funciona, em nosso esquema, com o sentido já consagrado no marxismo, ou seja, o de *práxis*: conjunto de atividades humanas que engendram não só as condições de produção, mas, de um modo geral, as condições de existência de uma sociedade. Com tais ajustes terminológicos, eis um resumo visual do trajeto semiológico *realidade/referente/linguagem:*

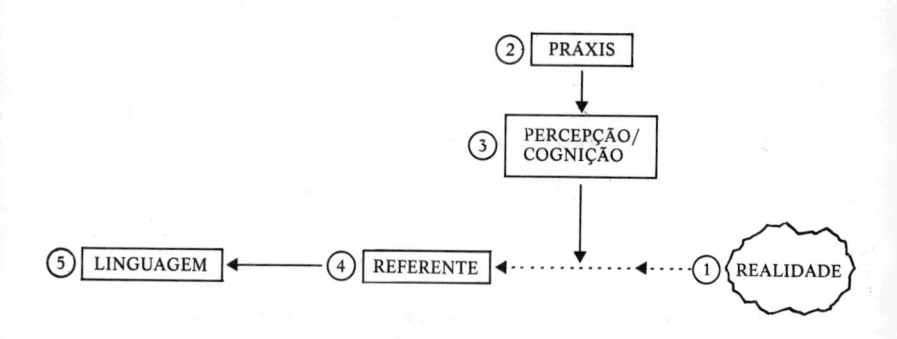

GRÁFICO--n.° 12: *Realidade, referente e linguagem*

A aporia de Kaspar Hauser levou-nos, destarte, a retraçar o caminho da semiose e a verificar que, em última análise, sem *práxis* não há significação. Não foi por acaso que, ao assinalar como a problemática das relações *linguagem/pensamento/realidade* poderia ser iluminada com a contribuição das pesquisas acerca de crianças "selvagens", A. Schaff lamenta a escassez e a pobreza de trabalhos com tais preocupações e reivindica o estudo de casos excepcionais, citando *justamente* o exemplo de Kaspar Hauser:

> "Infelizmente, o que se disse a respeito da relação entre linguagem e pensamento no contexto das crianças chamadas 'selvagens' reduz-se, salvo raras exceções, a uma literatura de qualidade medíocre ou abertamente a especulações [70]..."
>
> "Que fabulosas possibilidades teóricas oferece-nos, por exemplo, o estudo das crianças chamadas 'selvagens'? O menino selvagem de Aveyron, *Kaspar Hauser* (grifos meus) as duas 'meninas-lobo' na Índia... É pena, mas esses casos, apesar de únicos, inéditos, não foram estudados (e nem poderiam sê-lo no passado) de uma maneira científica. O desenvolvimento natural da linguagem falada, *a influência da ausência da fala na percepção da realidade, na orientação do mundo e no pensamento* etc. — eis apenas uma enumeração parcial dos problemas que poderiam ser particularmente iluminados pelo estudo do desenvolvimento dessas crianças [71]" (grifos meus).

A "ausência de fala", no entanto, não explica tudo; apesar da aquisição de linguagem, Kaspar Hauser descodifica de modo sempre aberrante a significação do mundo. A permanência do déficit cognitivo de Kaspar Hauser seria um índice de que os elementos que modelam a percepção do mundo e as configurações conceituais podem ser capturados não só na linguagem mas sobretudo na dimensão da práxis. E a tese de que o sistema perceptual, as estruturas mentais e a própria linguagem são tributários da práxis será insistentemente reiterada por A. Schaff:

"Os homens falam como lhes sugere a vida, a práxis [72]..."
"...a linguagem se forja na práxis social humana [73]..."
"...a linguagem foi socialmente modelada a partir de uma determinada práxis social [74]..."

Para fundamentar a sua tese, Schaff observa que, entre uma comunidade lingüística européia e uma ameríndia, por exemplo, há diferenças não só quanto ao modo de *expressão,* mas também quanto ao da *percepção* da realidade:

"...nosso indígena... não só *fala* distintamente, como também *percebe* de modo diferente [75]..."

E a que se deveriam tais diferenças de percepção? Para esclarecer a questão, Schaff coloca-se, à primeira vista, na perspectiva tradicional da lingüística, reconhecendo que o modo de percepção "...está indissociavelmente ligado à maneira de falar [76]...". Esta afirmação é justificada com o caso clássico das diferentes denominações de neve em esquimó e é bom lembrar que os lingüistas invocam repetidamente tal exemplo como ilustração da proposta segundo a qual as línguas modelam e recortam a percepção da realidade. Mas o mesmo Schaff vai subverter esse consagrado ponto de vista; de fato, na própria interpretação do exemplo dos esquimós, ele abrirá um outro ângulo de análise, ao descortinar as raízes da percepção, e também da linguagem, na dimensão de uma práxis social, considerada indefectível e vital para a existência e a sobrevivência de qualquer comunidade. É o que se pode depreender das seguintes ponderações:

"...os esquimós vêem trinta espécies de neve, e não a neve 'em geral', não porque o queiram ou assim o tenham convencionado, mas *porque já não podem perceber a realidade de outro modo* [77]" (grifos meus).

E não podem mais perceber a neve "de outro modo" porque

"...Para os membros dessa comunidade, tal distinção de espécies e de modalidades de neve *seria uma questão de vida ou morte* [78]" (grifos meus).

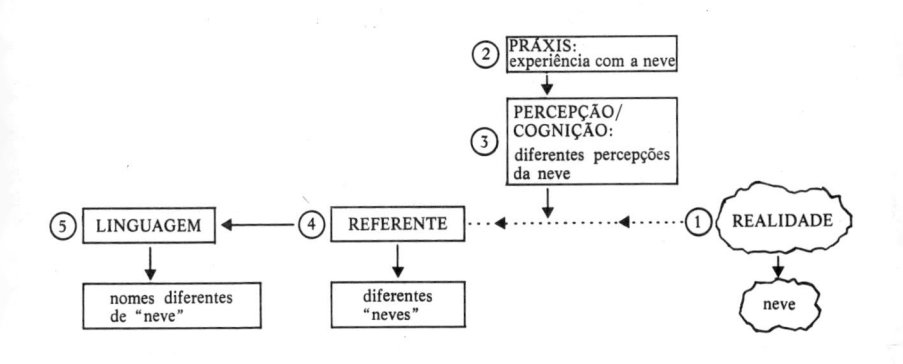

GRÁFICO n.º 13: *Práxis dos esquimós e a neve*

Segue-se uma conclusão perturbadora, na medida em que abala os ortodoxos limites da lingüística, levando-a a transpor as fronteiras com a antropologia, a psicologia, a filosofia etc.:

"A linguagem desenvolveu-se historicamente no contexto dessa *práxis vital* [79]..." (grifos meus).

A lição clássica acerca das relações linguagem/percepção/realidade deveria ser então reformulada: a percepção e a linguagem é que estariam *indissoluvelmente ligadas* à práxis social, que é indefectível e vital para a existência de qualquer comunidade. Assim é que o exemplo da neve em esquimó também poderia ser revisto e interpretado a partir do esquema proposto no gráfico n.º 12 (p. 54).

IX

Corredores isotópicos
e estereótipos

Pelo exposto, uma descrição semântica que se pretendesse exaustiva e suficiente deveria abranger os elementos da práxis que modelam a percepção/cognição e geram a significação do mundo. O momento é oportuno para uma indagação fundamental: com que mecanismos a práxis engendraria esses elementos "modelantes"? Responder a tal questão significaria resgatar o instante em que irrompe a semiose. A. Schaff aponta um caminho possível para a resposta, ao assinalar a relação dialética entre práxis, percepção e cognição; partindo do conceito marxista de *homem cognoscente* (o homem conhece a realidade na medida em que age sobre ela, transformando-a), Schaff observa:

> "...sabemos que a estrutura da percepção sensorial e o modo de articulação do mundo exterior por nossos sentidos dependem de esquemas conceituais adquiridos nos processos cognitivos do mundo [80]..."

> "...*os conteúdos* e *os modos* da percepção e do conhecimento humanos dependem igualmente do gênero de práxis de que o homem dispõe [81]..."

A partir das considerações acima, parece-nos razoável supor que, na dimensão da práxis vital, o homem *cognoscente* desenvolve, para existir e sobreviver, mecanismos não-verbais de diferenciação e de identificação: para mover-se no tempo e no espaço de sua comunidade, o indivíduo estabelece e articula *traços* de diferenciação e de identificação, com os quais passa a discriminar, reconhecer e selecionar, por entre os estímulos do universo amorfo e contínuo do "real", as cores, as formas, as funções, os espaços e tempos necessários à sua sobrevivência. Discriminatórios e seletivos que são, tais traços acabam por adquirir, no contexto da práxis, um valor positivo ou meliorativo em oposição a um valor negativo ou pejorativo; assim é que os traços de diferenciação e de identificação, impregnados de valores meliorativos/pejorativos, se transformam em traços ideológicos. E aqui eclode a semiose: os traços ideológicos vão desencadear a configuração de "fôrmas" ou "corredores" semânticos, por onde vão fluir as linhas básicas de significação, ou melhor, *as isotopias* [82] da cultura de uma comunidade. Em nossa cultura, por exemplo, "em pé" ou "vertical" é um traço de valor meliorativo, enquanto "deitado" ou "horizontal" teria, em princípio, um valor pejorativo; a partir de tais traços ideológicos, constituem-se os *corredores semânticos* ou *isotópicos* da *verticalidade meliorativa* vs. *horizontalidade pejorativa*. Assim, na arquitetura das catedrais góticas, das pirâmides maias ou dos arranha-céus dos centros urbanos ocidentais, a *verticalidade* é um índice evidente da "superioridade" ou da "majestade". Ainda a título de exemplo, vale lembrar outros grandes *corredores isotópicos* que recortam o universo de formas, cores e espaços, em nossas comunidades ocidentais: *superatividade* (meliorativo) / *inferatividade* (pejorativo), *frontalidade* (meliorativo) / *posterioridade* (pejorativo), *retitude* (meliorativo) / *tortuosidade* (pejorativo), *dureza* (meliorativo) / *moleza* (pejorativo), *branquitude* (meliorativo) / *pretidão, negritude* (pejorativo) etc.[83]

São justamente esses *corredores semânticos* ou *isotópicos* que vão balizar a percepção/cognição, criando modelos ou padrões perceptivos, ou ainda os "óculos sociais", na expressão de Schaff:

> "...o indivíduo percebe o mundo e o capta intelectualmente através de 'óculos sociais' " [84]...

Esses padrões perceptivos ou "óculos sociais" constituem, em última análise, os *estereótipos de percepção*. Pois bem, com os *estereótipos* gerados pelos *corredores isotópicos* é que "vemos" a realidade e fabricamos o referente. O esquema apresentado no Gráfico 14 ilustra como os mecanismos da *práxis* engendram os *corredores isotópicos* e os *estereótipos* que, por sua vez, vão configurar os referentes.

Pelo Gráfico n.º 14, verificamos, pois, que, fabricado pelos *estereótipos,* o *referente* se interpõe entre nós e a "realidade", *fingindo* ser o "real". A idéia de que não percebemos o "real", mas o *referente,* ou o "real

Fig. n.º 6: *R. Magritte* — La condi ion humaine *(1935)*

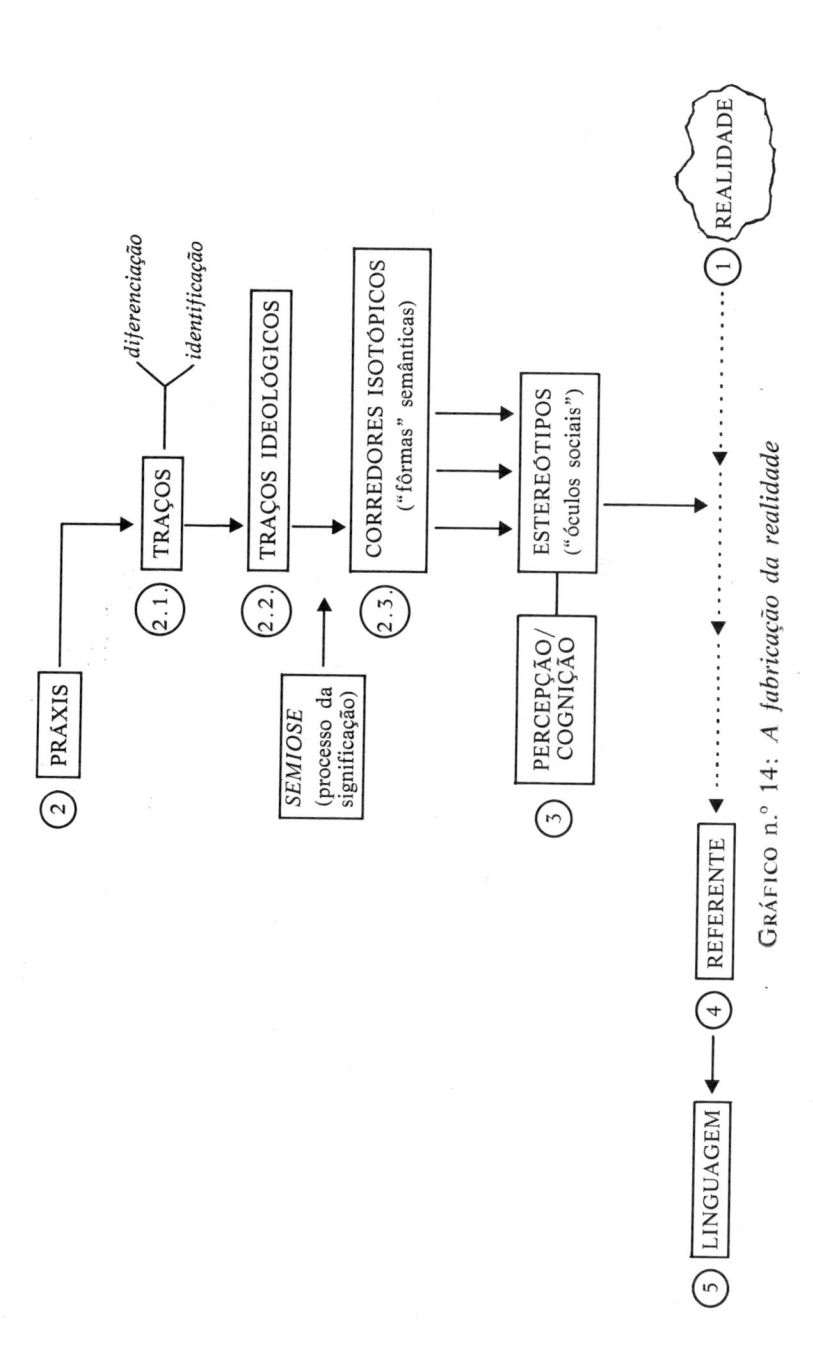

GRÁFICO n.º 14: *A fabricação da realidade*

fabricado", foi visualizada com exatidão por R. Magritte, num quadro justamente denominado *A condição humana.*

Explorando semiologicamente a composição de *A condição humana,* diríamos que o *estereótipo* é o quadro em si, com o seu "layout" ou diagrama, o *referente* é o conteúdo pictural do quadro (a "paisagem" pintada) e o real é o universo desordenado e contínuo que se encontra atrás do quadro. O que vemos, na verdade, é um referente "paisagem" balizado pelos estereótipos de percepção. É o que se pode verificar no esquema básico do quadro de Magritte (Gráfico n.º 15):

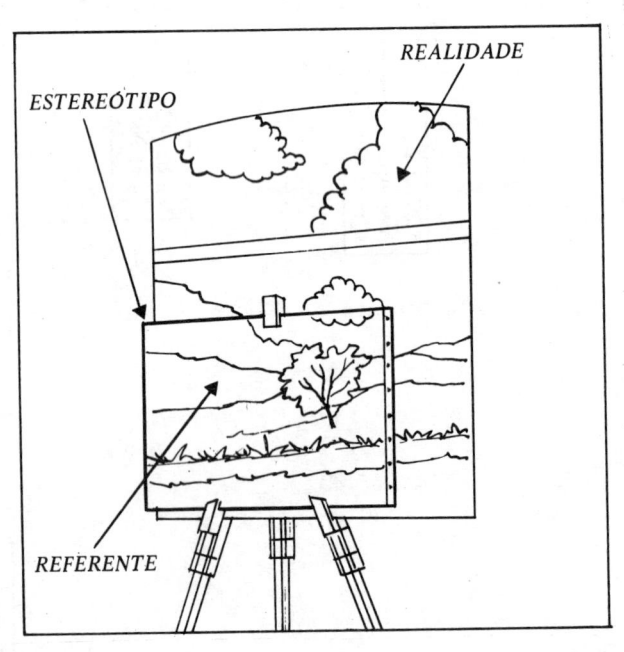

GRÁFICO n.º 15: *Estereótipo, referente e realidade*

X

Semiose não-verbal
e pensamento visual

Todo esse processo — da práxis ao referente — desenvolve-se, em princípio, numa dimensão não-verbal, sem a intervenção obrigatória da língua. A práxis opera em nosso sistema perceptual, ensinando-nos a "ver" o mundo com os "óculos sociais" ou estereótipos e gerando conteúdos visuais, tácteis, olfativos, gustativos, na dimensão *cinésica* e *proxêmica* (gestos, movimentos, espaços, distâncias, tempo etc.), independentemente da ação e do recorte da linguagem linear.[85] Discordamos, pois, de A. Schaff, quando nos diz que os elementos de orientação pré-verbal, diante do pensamento lingüístico, são "secundários".[86] Na verdade, há todo um universo de significação implicado na dimensão não-verbal da percepção/cognição e que é gerado no trajeto práxis-estereótipo-referente. Parece-nos que essa práxis semiológica não-verbal foi descrita em toda a sua abrangência na proposta de L. Althusser, ao ensaiar uma definição de práticas ideológicas:

> "...formações complexas de montagens, de noções, de representações, de imagens, de um lado, e de montagens, de comportamentos, atitudes-gestos, de outro lado, funcionando o conjunto como normas práticas que governam a atitude e a tomada de consciência concreta dos homens à fase de objetos reais de sua existência social e individual e de sua História [87]."

Mas vale observar que, embora a práxis não-verbal desempenhe um papel fundamental no processo da significação (semiose) e na percepção/cognição, o seu alcance será ofuscado pela *língua*, o mais abrangente dos sistemas semiológicos; a esse respeito, proclama E. Benveniste:

> "A natureza da língua, a sua função representativa, o seu poder dinâmico, o seu papel na vida de relação fazem dela a grande matriz semiótica, a estrutura modelante cujos traços e o modo de ação são reproduzidos pelas outras estruturas".[88]

É inegável que, quanto mais avançamos no processo da socialização, mais os códigos verbais se apropriam de nosso sistema perceptual e de nosso pensamento. Todavia, essa exaltação do poder modelante (óbvio, aliás!) dos sistemas lingüísticos tem eclipsado a função capital e primeira da práxis na construção da significação. Discordamos, pois, de E. Benveniste: nem todas as estruturas dos outros sistemas semiológicos reproduzem "os traços e o modo de ação" da língua; o esquema do gráfico n.º 14 (p. 63) deixa patente que uma semiose pré-verbal ou paraverbal pode conduzir à elaboração de um "pensamento visual", independente de estruturas lingüísticas. Alguns lingüistas o reconhecem timidamente, ainda que temam romper as fronteiras epistemológicas de seus modelos e aventurar-se pelo domínio nem sempre tangível do *não-verbal*. O lexicólogo G. Matoré, por exemplo, declara:

"...os trabalhos de Ombredane e as afirmações de alguns sábios como Einstein parecem indicar que o fenômeno é complexo; *existe um pensamento que se realiza segundo imagens de tipo visual, auditivo ou cinestésico.* Ocorre que, mesmo nessa eventualidade, a palavra desempenha o papel de um promotor" [89] (grifos meus).

Já E. Buyssens vai mais longe ao admitir que:

"...tudo o que uma língua nos impõe é uma articulação lingüística, e *não uma articulação de nosso pensamento*" [90] (grifos meus).

L. Brink refuta categoricamente a tese de que "a língua coage o pensamento" (*language constrains thought*), propondo com sobriedade e equilíbrio que:

"...*alguns* fenômenos lingüísticos têm, de fato, dirigido *certas* comunidades (todas talvez) para uma *certa* cognição do mundo ambiente [91]...'" (grifos meus).

Infere-se da conclusão de Brink que nem toda cognição seria governada pela língua. É provável que a segurança e o entusiasmo de lingüistas e semiólogos, ao proclamarem a primazia da língua sobre a práxis e os outros sistemas semiológicos, se deva ao viés que os sistemas lingüísticos provocam na percepção e no pensamento. De fato, a nossa percepção/cognição vai-se amoldando, em geral, à lógica linear-discursiva e é muito difícil pensar o mundo de outra maneira. É bom lembrar que a *prisão* imposta pela língua já fora denunciada, no séc. XVIII, pelo poeta e fisiologista Albrecht von Haller:

> "A natureza ata as suas espécies por uma rede, não por uma cadeia: mas os homens só podem seguir cadeias pois são incapazes de apresentar várias coisas, ao mesmo tempo, em seu discurso [92]."

Esse "efeito de linearidade", segundo a expressão de R. Arnheim, desmantela a simultaneidade das estruturas visuais [93], e com razão observa J. F. Lyotard que seria preciso "afastar os pressupostos, as interpretações, os hábitos de leitura que contraímos no uso predominante do discurso", uma vez que "a educação e o ensino discursivos nos privaram da permeabilidade à presença flutuante da linha, do valor e da cor" [94].

Deveríamos, portanto, "regenerar o poder do olhar humano", como quer R. Magritte [95], e tentar recuperar todo um universo de semiose não-verbal de que está impregnada a nossa percepção/cognição, mas de que não somos conscientes. Assim o faz, por exemplo, G. Bachelard, ao mostrar-nos como a percepção do *referente* "casa" está investida de uma *verticalidade* e de uma *centralidade* meliorativas; cabe salientar que estes dois corredores semânticos ou isotópicos atuam numa dimensão não-verbal, produzindo uma significação que não depende da intervenção do código lingüístico, como se pode depreender, aliás, desta bela passagem de *La poétique de l'espace:*

"A casa é um *corpo de imagens* que dão ao homem razões ou ilusões de estabilidade. Incessantemente *reimaginamos a sua realidade:* distinguir todas essas imagens seria dizer a alma da casa; seria desenvolver uma verdadeira psicologia da casa.

Para pôr em ordem tais imagens, é necessário, parece-nos, considerar dois temas principais de ligação:

1.º) *A casa é imaginada como um ser vertical.* Ela se eleva. Ela se *diferencia* no sentido de sua *verticalidade.* Ela é um dos apelos à nossa *consciência de verticalidade.*

2.º) A casa é imaginada como um ser concentrado. Ela nos chama para uma consciência de centralidade...

A verticalidade é assegurada pela *polaridade do porão e do sótão.* As marcas dessa polaridade são tão profundas que abrem, de algum modo, dois eixos bem diferentes para uma fenomenologia da imaginação. Com efeito, quase sem comentários, *podemos opor a racionalidade do teto à irracionalidade do porão.* O teto diz imediatamente a sua razão de ser: *ele abriga o homem, que evita a chuva e o sol.* Os geógrafos não deixam de lembrar que *em cada país a inclinação do teto é um dos signos mais seguros do clima.* 'Compreende-se' a inclinação do teto... No sótão, *vê-se desnudada, com prazer, a forte ossatura do madeiramento. Participamos da sólida geometria do carpinteiro.*

Quanto ao porão, encontrar-lhe-emos, sem dúvida, utilidades. *Racionalizá-lo-emos, enumerando as suas comodidades.* Mas ele é inicialmente o *ser obscuro* da casa, o ser que participa dos poderes subterrâneos[96]..." (grifos meus)

Este texto luminoso (como todos os de Bachelard!) ilustra com notável precisão o trajeto da semiose não--verbal, da práxis ao referente, sem a atuação ou recorte lingüístico. Destacaremos os trechos indicadores do itinerário práxis-referente:

I) *Práxis* (experiência com a *casa*):

"...ele [o teto] abriga o homem, que evita a chuva e o sol."

"... a inclinação do teto é um dos índices seguros do clima."

"Participamos da sólida geometria do carpinteiro..."

II) *Traços ideológicos:*

"Ela se diferencia no sentido de sua verticalidade."

III) *Corredores isotópicos:*

"Ela é um dos apelos à nossa consciência de verticalidade."

"A verticalidade é assegurada pela polaridade do porão e do sótão."

"Podemos opor a racionalidade do teto à irracionalidade do porão."

IV) *Estereótipos de percepção:*

"A casa é imaginada como um ser vertical."

É claro que Bachelard está usando o sistema verbal para trazer à tona a *verticalidade* do referente "casa", mas essa verticalidade já fora engendrada na práxis de uma dimensão não-verbal, não-linear, icônica: "No sótão, VÊ-SE DESNUDADA, COM PRAZER, A FORTE OSSATURA DO MADEIRAMENTO."

Já na *Conversa de bois,* do nosso Guimarães Rosa, o referente "homem" é percebido através do estereótipo COMPRIDO/VERTICAL/SEM CHIFRES/ PONTIAGUDO/AGRESSIVO, gerado pelos corredores isotópicos da *verticalidade pejorativa* vs. *horizontalidade meliorativa;* tudo o que é ereto e vertical incomoda a percepção, conforme a "fala" de um boi:

> "— É, tem também o *homem-do-pau-comprido-com-o-marimbondo-na-ponta* — ajunta Dansador, que vem lerdo, mole-mole, negando o corpo. — *O homem me chifrou agora mesmo com o pau...*
>
> — O homem é um bicho esmochado, *que não devia haver.* Nem convém espiar muito para o homem. É o único vulto que faz ficar zonzo, de se olhar muito. É *comprido demais, para cima,* e não cabe todo de uma vez, dentro dos olhos da gente [97]" (grifos meus).

Pode-se perceber claramente como os corredores isotópicos — no caso, o da *verticalidade pejorativa* — resultam da relação dialética entre a práxis e o sistema perceptual. A partir de sua experiência social, os "bois" de Guimarães Rosa desenvolvem inicialmente, em seu sistema perceptual, os traços *horizontal/vertical,* por mecanismos de identificação e diferenciação: enquanto o que é *comprido, para cima,* "vertical", portanto, não cabe *nos olhos da gente,* ao contrário, tudo o que é plano e horizontal pode ser facilmente percebido. A seguir, o traço vertical, com que o boi identifica o homem, é associado a outros traços que lhe conferem um valor ideológico pejorativo; o homem é: a) *vertical* ("comprido demais"); b) *esmochado* ("descornado", "sem chifres"); *pontiagudo* ("homem-do-pau-comprido-com-o-marimbondo-na-ponta"); *ferino, agressivo* ("o homem me chifrou agora mesmo com o pau"). Cabe acrescentar ainda que "pau-comprido-com-o-marimbondo-na-ponta" serve ao homem *vertical, para cima,* de instrumento de dominação; o valor pejorativo de *verticalidade* é desencadeado por associações com *agudeza ferina* e *superatividade dominadora.* Daí decorre a estereotipação do *referente* percebido pela *verticalidade:* tudo o que é vertical será também agressivo e dominador. Por isto é que, para o boi, o homem "não devia haver".

Os exemplos de Bachelard e de G. Rosa evidenciam como, numa dimensão pré-verbal ou paraverbal, a percepção/cognição pode ser manejada ideologicamente pela práxis social: conforme a relação dialética práxis/sistema perceptual, a *verticalidade,* por exemplo, pode ser um *corredor* meliorativo ou pejorativo.

A possibilidade de um pensamento visual, configurado por uma semiose não-verbal, não escaparia, é claro, a S. Eisenstein, que, a exemplo de R. Magritte, também se preocupou com o poder do olhar humano, ou, mais especificamente, do olhar cinematográfico. Ao investigar o "segredo da retina" de Chaplin, Eisenstein começa por demonstrar como a prática social pode condicionar até mesmo o sistema perceptual dos animais:

> "Os campos visuais dos olhos da lebre *convergem atrás da nuca.* O animal vê para trás de si. *Mais acostumado à fuga do que à perseguição,* ele não se queixa disso. A lebre tem à sua frente um fragmento de espaço invisível. Pode esbarrar, ao correr, de encontro a um obstáculo que lhe surja bruscamente.
> Não vê o mundo como nós [98]..." (grifos meus).

Poder-se-ia dizer que a *posterioridade* é um corredor pertinente e meliorativo para lebre, uma vez que o seu mundo de sobrevivência e a sua práxis existencial se passam atrás da nuca. Para o ser humano a *anterioridade/frontalidade* é o corredor que demarcaria a zona meliorativa e "sagrada" de sua existência; daí resultariam expressões conotadoras de "coragem", "honradez", como *enfrentar de peito aberto, andar de cabeça erguida, de cara limpa.* [99] Pois bem, a partir do exemplo da lebre, Eisenstein conclui que "...Uma vista diferente conduz a diferentes resultados no que respeita à imagem visual [100]..." e ainda que isto se deve a "fatores sociais que, no fim de contas, tudo transformam *em visão de mundo* [101]... E o "segredo da retina" de Chaplin estaria justamente no desmantelamento dessa *visão de mundo;* como observa Eisenstein, o aparelho perceptivo de Carlitos é premeditadamente despojado da práxis social costumeira: ele "vê" o mundo *diretamente,* sem os óculos sociais ou estereótipos perceptivos:

> "...Ver as coisas mais terríveis, mais dolorosas, mais trágicas, com os olhos duma criança risonha.

A faculdade de ver a imagem de tais coisas direta, simultaneamente, *sem nelas pensar à luz da moral*, sem avaliar, sem julgar, sem condenar, como faz uma criança que olha estourando de riso — e isto que faz de Charlot um caso à parte, que o torna inimitável, que o torna único [102]" (grifos meus).

Mas a frágil consciência da semiose não-verbal, embaciada pela modelagem lingüística, leva-nos a aceitar como *natural* toda uma estrutura de movimentos, espaços, distâncias, gestos, objetos, construída pela estereotipia da nossa percepção.

A regeneração do olhar humano não se faria de outro modo senão pela captura da semiose não-verbal que, aprisionando a percepção/cognição, pode produzir todo um discurso de poder e de dominação, ainda na dimensão não-verbal do conhecimento. Com efeito, não é por códigos verbais que o universo adulto começa a dominar o infantil; a repressão já é exercida na dimensão visual, uma vez que o referente *adulto* é percebido pela criança através de um estereótipo gerado no entroncamento dos corredores *verticalidade/superatividade/potência*: para a criança, tem poder quem é alto e ereto. Pode-se pensar, pois, numa codificação não-verbal que conduziria, no dizer de M. Foucault, à articulação de uma *tecnologia política do corpo,* como instrumento de repressão nas escolas, nas empresas e nas prisões. Em *Vigiar e Punir,* Foucault cita numerosas situações em que a dominação dos corpos se faz pelo simples *olhar;* nas escolas européias do séc. XVIII, exigia-se, como parâmetro de disciplina corporal, que os alunos mantivessem *o corpo direito* [103] ou que permanecessem *em formação, alinhamen-*

to, imobilidade e silêncio perfeitos. [104] Nas prisões, as revoltas são provocadas pela simples repressão visual do corpo, no plano cinésico e proxêmico:

"Tratava-se bem de uma revolta, ao nível dos corpos, contra o próprio corpo da prisão. O que estava em jogo não era o quadro rude ou ascético demais, demasiado rudimentar ou aperfeiçoado da prisão, era a sua *materialidade na medida em que ele é instrumento e vetor de poder;* era toda essa tecnologia de poder sobre o corpo, que a tecnologia da "alma" — a dos educadores, dos psicólogos e dos psiquiatras — não consegue mascarar nem compensar, pela boa razão de que não passa de um dos seus instrumentos [105]" (grifos meus).

Do mesmo modo, para E. Hall, é preciso que nos demos conta da significação produzida pelos sistemas não-verbais dos espaços e dos movimentos; apesar de "silenciosa" ou "oculta" (cf. as duas obras representativas da teoria de Hall: *The Silent Language* e *The Hidden Dimension,* [106] a dimensão proxêmica tem fecundado ininterruptamente o nosso aparelho perceptual, sem qualquer auxílio dos códigos verbais. Daí a advertência de Hall:

"...pessoas de culturas diferentes não apenas falam línguas diversas mas, o que é talvez mais importante, *habitam em diferentes mundos sensoriais.* O peneiramento seletivo dos dados sensoriais admite algumas coisas, enquanto elimina outras, a tal ponto que *a experiência, como percebida* através de uma série de filtros sensoriais, culturalmente padronizados, é bastante diferente daquela percebida através de outros. O meio ambiente arquitetônico e urbano que as pessoas criam são expressões deste processo de filtragem-peneiramento. Na verdade, através destes meios ambientes alterados pelo homem, é possível descobrir como povos diferentes usam seus sentidos".[107]

XI

Língua e reprodução
da práxis

Pois é essa *dimensão semiológica oculta,* entre a práxis e o referente, que escapa a Kaspar Hauser. Assim é que ele chega a Nurembergue, apenas com o seu *olhar,* desprovido de "óculos sociais". Sem práxis, sem estereótipos, a sua aproximação cognitiva da realidade é direta: para Kaspar Hauser, não haveria referente ou realidade *fabricada,* o que o leva a *ver* o mundo como um *amálgama de manchas.* [108] Tal despojamento da percepção/cognição parece bem ilustrado por R. Magritte, que justamente reclamava por uma regeneração do olhar humano: em seu quadro *La Clé des champs,* "a chave dos campos" (cf. Fig. n.º, 7, p. 78), a realidade é captada *diretamente,* uma vez que a vidraça da janela, representação simbólica dos estereótipos ou óculos sociais, caiu estilhaçada.

Mas, se Kaspar Hauser não dispõe de estereótipos perceptuais, a sociedade de Nurembergue vai impor-lhe a língua como o grande instrumental cognitivo: sem passar pela práxis, Kaspar Hauser deverá conhecer o mundo *através* da língua. Houve, portanto, dois modos de cognição:

1.º) *Cognição através do olhar "puro"*

Antes da socialização, em Nurembergue, Kaspar Hauser via o mundo como um amálgama de manchas (sem os estereótipos de percepção):

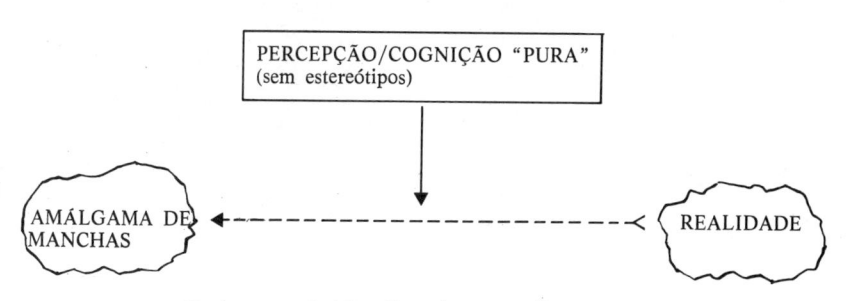

GRÁFICO n.º 16: *Cognição e olhar "puro"*

FIG. *n.º 7: R. Magritte* — La clé des champs *(1933), "A chave dos campos", ou a visão sem estereótipos*

2.º) *Cognição através do sistema lingüístico*

Na socialização, em Nurembergue, a língua

I) substitui o "olhar" de Kaspar Hauser, e

II) passa a funcionar como um instrumento cognitivo; os gráficos abaixo ilustram as duas operações:

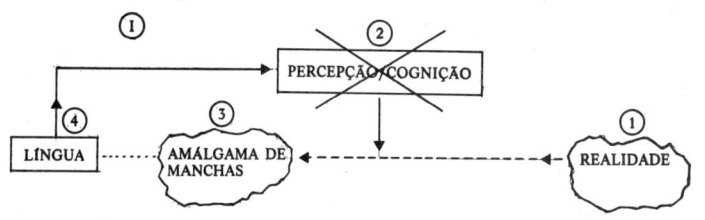

GRÁFICO n.º 17: *Língua e percepção "pura"*

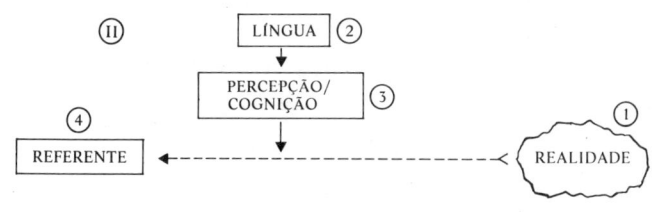

GRÁFICO n.º 18: *Língua e cognição*

A experiência cognitiva de Kaspar Hauser nos permite, desse modo, divisar com nitidez o momento em que a língua passa a exercer a sua função interpretante ou modelante na percepção/cognição e no pensamento: a impossibilidade de capturar a semiose não-verbal, que se desencadeia na dimensão oculta entre a práxis e o referente, compele o indivíduo a recorrer ao sistema verbal para materializar e compreender a significação escondida. Assim, a língua passa a atuar sobre a práxis, os corredores isotópicos e os estereótipos perceptuais; estabelece-se uma interação entre língua e práxis, a tal ponto que, quanto mais avançamos no processo de socialização, mais difícil se torna separar as fronteiras entre ambas. Agindo sobre a práxis, a língua também pode modelar o referente e "fabricar" a realidade. Pois é a partir dessa relação língua/práxis é que podemos aceitar a função interpretante ou modelante da língua, proposta por E. Benveniste. Com a interação língua/práxis, propomos, no gráfico n.º 19, p. 81, um novo esquema para a fabricação da realidade.

Neste esquema, é possível surpreender o impasse epistemológico a que nos condenamos: embora a significação dos códigos verbais seja tributária, em primeira instância, da semiose não-verbal, é praticamente só por meio desses mesmos códigos verbais que podemos nos conscientizar da significação escondida na dimensão da práxis: anterior à língua, a semiose não--verbal só pode ser explicada pela língua. Como bem imaginou Paulo Mendes Campos,

"Um homem é, primeiro, o pranto, o sal,
o mal, o fel, o sol, o mar — o homem.
Só depois surge a sua infância-texto,
explicação das aves que o comem.
Só depois antes aparece ao homem [109]."

Falamos em impasse epistemológico, pois, nessa interação língua/práxis, instala-se uma reiteração circular que, em princípio, não pode ser rompida: a práxis cria a estereotipia de que depende a língua e esta, por sua vez, materializa e reitera a práxis:

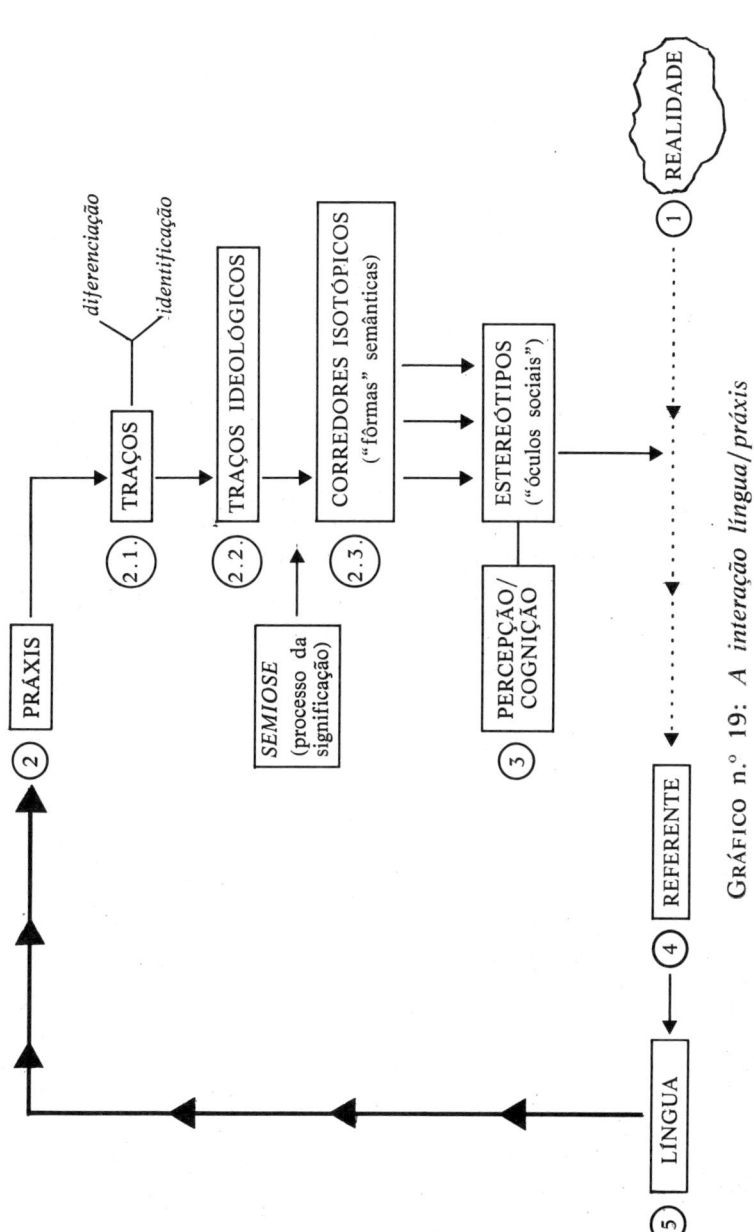

GRÁFICO n.º 19: *A interação língua/práxis*

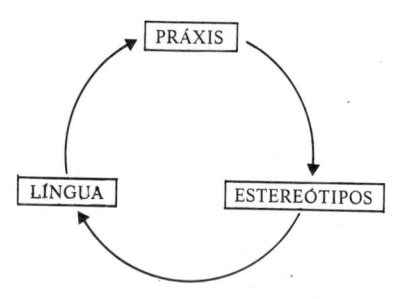

GRÁFICO n.º 20: *Língua e reprodução da práxis*

A nossa cognição estaria sujeita, portanto, a um processo ininterrupto de estereotipação, a ponto de considerarmos *real* e *natural* todo um universo de referentes e realidades fabricadas. Daí a função *fascista* da linguagem, segundo a expressão de R. Barthes.[110] A língua "amarra" a percepção/cognição, impedindo o indivíduo de *ver* a realidade de um modo ainda não-programado pelos corredores de estereotipação; como Sísifo, estaríamos condenados a conhecer, ou a reconhecer, sempre a mesma realidade: nossas retinas "fatigadas" estariam condenadas a ver sempre a mesma "pedra-no--meio-do-caminho" de Carlos Drummond de Andrade. Em seu "amarramento" com a práxis, a língua adquire uma *função fática compensatória*: quando não compreendemos a realidade, utilizamos os estereótipos verbais para reiterar o referente ou a realidade fabricada por nossos corredores isotópicos. Em *Vidas Secas*, por exemplo, Fabiano poderia facilmente matar o soldado amarelo que tanto mal lhe causara: surpreende-o apequenado, perdido na caatinga. A situação cinésica e proxêmica é nova: Fabiano, ereto e armado de facão, é o dominador; o soldado amarelo, curvado, escondido, batendo os dentes de medo, é o dominado. Essa percepção nova abala a estereotipia de Fabiano, levando-o a sujeitar-se às regras da práxis autoritária de sua comunidade:

> "A princípio, o vaqueiro não compreendeu nada... De repente notou que aquilo era um homem e, coisa mais grave, uma autoridade [111]..."

Fabiano abandona a posição ereta e dominadora, curva-se diante do amesquinhado soldado amarelo e reitera o autoritarismo vertical do governo por meio de um estereótipo tautológico:

> "Vendo-o *acanalhado* e *ordeiro*, o soldado ganhou *coragem, avançou*, pisou *firme*, perguntou o caminho. E Fabiano tirou o chapéu de couro.
> — *Governo é governo.*
> Tirou o chapéu de couro, *curvou-se* e ensinou o caminho ao soldado amarelo [112] (grifos meus).

Numa interação total de práxis, cinésica, proxêmica e discurso lingüístico, Fabiano reitera o autoritarismo vertical do governo. A linguagem serviu para preencher o *vazio* gerado por uma situação nova, que não cabia nos quadros mentais já estereotipados pela práxis de Fabiano.

XII

Língua e subversão
da práxis

Mas, como bem notou A. Schaff, a linguagem não é só reflexo, reprodução ou reiteração da práxis. Ela poderá também desenvolver uma ação dialética e criativa [113] na medida em que *desarranjar* a práxis e os corredores isotópicos e *desmontar* os estereótipos perceptuais. A linguagem deixa de ser fascista quando, subvertendo a si mesma, subverte a percepção/cognição; Fernando Pessoa consegue, na subversão de uma frase estereotipada, mudar a percepção do referente *rio:*

"O Tejo é mais belo que o rio que corre pela minha aldeia, Mas o Tejo não é mais belo que o rio que corre pela minha aldeia. Porque o Tejo não é o rio que corre pela minha aldeia [114]..."

Para chegar a essa subversão, seria preciso cultivar a *função poética* da linguagem (já consagrada por R. Jakobson) e, para tanto, basta seguir a receita de Carlos Drummond de Andrade:

"Chega mais perto e contempla as palavras.
Cada uma
tem mil faces secretas sob a face neutra
e te pergunta, sem interesse pela resposta,
pobre ou terrível, que lhe deres:
Trouxeste a chave?" [115]

É pela função poética que a linguagem pode subverter a sua estereotipia e entrar numa relação conflituosa e dialética com a práxis. Com razão observa E. Coseriu que:

"...a poesia é o lugar do desdobramento, da plenitude funcional da linguagem..."

"...a poesia não é, como amiúde se diz, um 'desvio' com relação à linguagem 'corrente' (entendida como o 'normal' da linguagem); a rigor, é mais exatamente a linguagem 'corrente' que representa um desvio diante da totalidade da linguagem. Isto vale também para as demais modalidades do 'uso lingüístico' (por exemplo, a linguagem científica): com efeito, estas modalidades surgem, em cada caso, por uma drástica redução funcional da linguagem como tal, que coincide com a linguagem da poesia".[116]

No conflito dialético com a práxis, a linguagem criativa e poética vai desmontando os corredores isotópicos e os estereótipos, denunciando assim a fabricação da realidade. Aí ela pode tornar-se uma práxis libertadora. Por isso é que Kaspar Hauser passa a representar um incômodo: ao usar a linguagem para desafiar a percepção/cognição que lhe inculcam, ele acaba por patentear como a realidade tão bem ordenada e natural é apenas um produto da práxis da comunidade de Nurembergue. Kaspar Hauser torna-se subversivo quando, ao não aceitar os *referentes* que a sociedade lhe impõe, abala os fundamentos da *ilusão referencial*. E é sobretudo por essa práxis libertadora (e não por um mero lance de novela policial) que ele deve morrer.

Por mais inaceitável que seja o referente, é muito mais cômodo aconchegarmo-nos na confortável ilusão referencial moldada pela práxis comunitária. Como acontece, aliás, no universo das personagens de José J. Veiga, em *Quando a Terra era redonda;* apesar de evidências contrárias, as pessoas continuam a *ver* o referente *Terra* conforme a percepção imposta pela práxis:

> "...a Terra é mesmo redonda desde os primórdios, e ninguém a está vendo chata; todo mundo finge estar acreditando na chatice geral apenas por cansaço e também por preguiça de contestar o que foi decretado [117]."

Mas a lição de Kaspar Hauser permanece como um modelo de práxis libertadora. Apesar de o mundo ser, na iluminada concepção de G. Bachelard, "...primeiro o meu devaneio, depois a minha percepção, em seguida a minha representação, e, enfim, a minha retificação e o meu esquema [118]...'', podemos sempre desafiar o *esquema* e negar o referente fabricado para a nossa percepção. A exemplo de R. Magritte, podemos dizer que *ceci continue de ne pas être une pipe,* "isto continua não sendo um cachimbo":

FIG. n.º 8: *R. Magritte* — La trahison des images *(1952)* *("A traição das imagens")*

Notas

1. G. Bachelard — *La poétique de l'espace*, p. 58.

2. *"Omnis doctrina vel rerum est vel signorum, sed res per signa discuntur...*
   Hae namque ita res sunt, ut aliarum etiam signa sint rerum...
   Ex quo intelligitur quid appellem signa; res eas videlicet quae ad significandum aliquid adhibentur."
   De Doctrina Christiana, L. I. C.II.2, in *Le Magistère Chrétien*, pp. 182-183.

3. *"Signum est enim res, praeter speciem quam ingerit sensibus, aliud aliquid ex se faciens in cogitationem venire...",* idem, L. II, C.I.1, in *Le Magistère Chrétien*, p. 239.

4. Ch. S. Peirce — *Semiótica*, p. 47.

5. F. de Saussure — *Cours de linguistique générale*, p. 98 *Curso de Lingüística Geral* (tradução brasileira), p. 80.

6. W. D. Whitney — *La vie du langage*, p. 117.

7. F. de Saussure — *op. cit.*, p. 99; p. 80 da trad. bras.

8. Graciliano Ramos — *Vidas Secas*, p. 71.

9. C. K. Ogden e I. A. Richards — *The meaning of meaning*, p. 9.

10. *Idem*, p. 11. K. Baldinger, em *Teoría Semántica*, p. 27, reconhece que "...em sua atual disposição triangular, estas relações foram primeiramente representadas por Ogden e Richards".

11. E. Coseriu — *Tradición y Novedad en la Ciencia del Lenguaje*, p. 131.

12. *Idem*, p. 132.
13. S. Ullmann — *Précis de sémantique française*, p. 21.
14. A. Rey — *Théories du signe et du sens*, p. 119.
15. Saussure, *op. cit.*, p. 31. Trad. bras., p. 22.
16. Ogden e Richards, *op. cit.*, p. 11.
17. *Idem*, p. 12.
18. *Idem*, "Preface to the first edition', p. V.
19. E Coseriu — *Teoría del Lenguaje y Lingüística General*, p. 237.
20. Cf. K. Baldinger — *Teoría Semántica*, p. 157.
21. S. Ullmann — *Semantics: an Introduction to the Science of Meaning*, Oxford, Blackewell, 1962.
    — *Language and Style: Collected Papers*, Oxford, Blackwell, 1964.
22. S. Ullmann — *Semântica*, pp. 115-116.
23. *Idem*, p. 116.
24. K. Baldinger — *op. cit.*, p. 27.
25. S. Ullmann — *Précis de sémantique française*, p. 22.
26. K. Baldinger, *op. cit.*, p. 23.
27. *Idem, ibidem.*
28. *Idem*, p. 115.
29. *Idem*, pp. 156-157.
30. U. Eco — *Obra Aberta*, p. 112.
31. *Idem*, p. 113.
32. *Idem, ibidem.*
33. U. Eco — *Le forme del contenuto*, p. 30.
34. *Idem*, p. 32.
35. *Idem*, p. 38.
36. Tradução espanhola: *Tratado de semiótica general*, Barcelona, Lumen, 1977.
37. *Tratado de semiótica general*, p. 131.

38. *Idem, ibidem.*

39. *Idem,* p. 282.

40. *Idem, ibidem.*

41. W. von Humboldt — *Über die Verschiedenheit des menschlichen Sprachbaues* ("Sobre a diversidade de estrutura do potencial lingüístico da humanidade"), *apud* Ole Hansen-Love — *La révolution copernicienne du langage, dans l'oeuvre de Wilhelm von Humboldt,* p. 58.

42. W. von Wartburg — *Problèmes et méthodes de la linguistique,* p. 216.

43. J. Trier — *Der deutsche Wortschatz im Sinnbezirk des Verstandes,* Heidelberg, Carl Winter, 1931.

J. L. Weisgerber — *Die vier Stufen in der Erforschung der Sprachen,* Düsseldorf, Schwann, 1963.

W. Porzig — *Das Wunder der Sprache,* Berne, A. Francke, 1950.

44. B. L. Whorf — *Linguistique et anthropologie,* pp. 69-115.

45. G. Matoré — *La méthode en lexicologie,* p. XXIX.

46. A. Martinet — *Elements de linguistique générale,* p. 12.

47. B. Pottier — *Linguistique générale,* p. 95.

48. Saussure — *Cours,* p. 33 (trad. bras., p. 24): "...chamá-la-emos de *Semiologia...* A Lingüística não é senão uma parte dessa ciência geral".

49. R. Barthes — *Elementos de Semiologia,* p. 12.

50. E. Benveniste — "Sémiologie de la langue" *in Problémes de linguistique générale,* vol. II, p. 60.

51. *Idem,* p. 62.

52. *idem, ibidem.*

53. *Idem,* p. 63.

54. U. Eco — *Tratado de semiótica general,* p. 282.

55. E. Buyssens — *Les catégories grammaticales du français,* p. 13.

56. *Idem,* p. 12.

57. A semântica tradicional, aliás, parece não ter compreendido a importância dos aspectos psicológicos do significado; Ullmann, por exemplo, chega a afirmar: "A natureza psicológica exata do significado não é de extraordinária importância (sic!) para o lingüista..." (*Semântica*, p. 124).

58. A. J. Greimas — *Sémantique structurale*, p. 8. Tradução brasileira: *Semântica Estrutural*, p. 15.

59. E. Coseriu — *Principios de semántica estructural*, p. 103.

60. Platão — *Crátilo*, 388 b.

61. É o sentido que ocorre em *A República*, 509 b. Cf. também P. Chantraine — *Dictionnaire étymologique de la langue grecque*, tomo II, p. 322.

62. E. Benveniste — *Problèmes de linguistique générale*, vol. I, p. 73.

63. Saussure — *Cours*, p. 23, Trad. bras., p. 15.

64. E. Coseriu — *Tradición y Novedad en la Ciencia del Lenguaje*, p. 132.

65. B. Pottier — *Linguistique générale*, p. 21.

66. N. Chomsky — "A Linguagem e a Mente" *in Novas Perspectivas Lingüísticas*, p. 31.

67. *Idem*, p. 30.

68. *Idem*, p. 31.

69. *Idem*, p. 32.

70. A. Schaff — *Langage et connaissance*, p. 146.

71. *Idem*, p. 147.

72. *Idem*, p. 224.

73. *Idem*, p. 223.

74. *Idem*, p. 237.

75. *Idem, ibidem*.

76. *Idem, ibidem*.

77. *Idem*, p. 225.

78. *Idem*, p. 224.

79. *Idem, ibidem*.

80. *Idem*, p. 182.

81. *Idem*, p. 221.

82. O termo *isotopia* é empregado aqui na acepção consagrada por Greimas: traço ou linha básica de "uma unidade semântica que permite apreender um discurso como um todo de significação" (cf. J. Dubois et al. — *Dicionário de Lingüística*, s. v., p. 355).

83. Cf. I. Blikstein — "Plínio Marcos: o discurso da violência" *in Contexto*, pp. 117-142, em que aplicamos a noção de *corredor isotópico* para analisar o discurso do marginal Querô.

84. A. Schaff — *op. cit.*, p. 223.

85. É oportuno lembrar o desenvolvimento e a fecundidade dos estudos e pesquisas semiológicas acerca da gestualidade, do movimento, do espaço, da distância etc.; cf. A. J. Greimas *et al.* — *Pratiques et langages gestuels* — *Langages*, n.º 10, junho, 1968 — Paris — *Didier-Larousse;* J. Kristeva *et al* — *Essais de sémiotique* — Paris — Haia — Mouton, 1971; E. Hall — *The Silent Language* — New York, Anchor Books, 1959.

86. A. Schaff — *op. cit.*, p. 222.

87. *Apud* R. Robin — *História e Lingüística*, p. 113.

88. E. Benveniste — *Problèmes de linguistique générale*, vol. II, p. 63.

89. G. Matoré — *La méthode en lexicologie*, p. XXX.

90. E. Buyssens — *Semiologia e Comunicação Lingüística*, p. 90.

91. L. Brink — "Semantic boundary lines in languages and their influence on our cognition of the surrounding world" *in Acta Linguistica Hafniensia*, p. 74.

92. *Apud* A. Arnheim — *Visual Thinking*, p. 238.

93. A. Arnheim — *op. cit.*, p. 246.

94. J. F. Lyotard — *Discours, Figures*, p. 218.

95. J. Dopagne — *Magritte* — Paris, Fernand Hazan Éditeur, 1977.

96. G. Bachelard — *La poétique de l'espace,* pp. 34-35.

97. J. Guimarães Rosa — "Conversa de Bois" *in Sagarana,* p. 289.

98. S. Eisenstein — *Reflexões de Um Cineasta,* p. 294.

99. Em "Plínio Marcos: o discurso da violência" (cf. nota n.º 83), procuramos demonstrar como o discurso de Querô é governado pelo corredor isotópico da *frontalidade destruída:* na violência do universo de Querô, a cara e cabeça são o alvo preferido da agressão física e verbal.

100. S. Eisenstein — *op. cit.,* p. 294.

101. *Idem, ibidem.*

102. *Idem,* p. 159.

103. M. Foucault — *Vigiar e Punir,* p. 138.

104. *Idem,* p. 159.

105. *Idem,* p. 32.

106. E. Hall — *The Silent Language,* já citado na nota n.º 85, e *A Dimensão Oculta,* Rio, F. Alves, 1977.

107. *A Dimensão Oculta,* p. 14.

108. A. Schaff — *op. cit.,* p. 147.

109. Paulo Mendes Campos — *Poemas* — Rio, Civ. Brasileira, 1979, p. 138.

110. "Mas a língua, como desempenho de toda linguagem, não é nem reacionária, nem progressista; ela é simplesmente: fascista..." (R. Barther, *Aula,* São Paulo, Cultrix, 1980, p. 14).

111. G. Ramos — *Vidas Secas,* p. 128.

112. *Idem,* p. 134.

113. A. Schaff, *op. cit.,* p. 236.

114. F. Pessoa — *Poemas de Alberto Caeiro,* p. 44.

115. C. Drummond de Andrade — "Procura da Poesia" in *Obra Completa,* p. 139.

116. E. Coseriu — *El hombre y su lenguaje,* p. 203.

117. José J. Veiga — *De jogos e Festas,* p. 80.

118. *Apud* R. Passeron — *Clefs pour la peinture,* p. 79.

94

Referências bibliográficas

ARNHEIM, R. — *Visual Thinking* — Berkeley, Los Angeles, Londres, University of California Press, 1969.

BACHELARD, G. — *La poétique de l'espace* — Paris, P.U.F., 1957.

BALDINGER, K. — *Teoría Semántica* — Madrid, Alcalá, 1970.

BARTHES, R. — *Elementos de Semiologia* — São Paulo, Cultrix, 1971.

— *Aula,* S. Paulo, Cultrix, 1980.

BENVENISTE, E. — *Problèmes de linguistique générale* — Paris, Gallimard, 1966 (vol. I)

— *Problémes de linguistique générale* — Paris, Gallimard, 1974 (vol. II).

BLIKSTEIN, I. — "Plínio Marcos: o discurso da violência" *in Contexto,* n.º 5, São Paulo, Hucitec, 1978, pp. 117-142.

BRINK, L. — "Semantic boundary lines in languages and their influence on our cognition of the surrounding world" in *Acta Linguistica Hafniensia,* vol. XIII, n.º 1, Copenhage, Munksgaard, 1970, pp. 45-74.

BUYSSENS, E. — *Semiologia e Comunicação Lingüística,* São Paulo, Cultrix, 1972.

— *Les catégories grammaticales du français* — Bruxelas, Éditions de l'Université de Bruxelles, 1975.

CHANTRAINE, P. — *Dictionnaire étymologique de la langue grecque,* Paris, Klincksieck, 1970, tome II.

CHOMSKY, N. — "A Linguagem e a Mente" *in Novas Perspectivas Lingüísticas* — Petrópolis, Vozes, 1971.

COSERIU, E. — *Teoría del lenguaje y lingüística general* — Madrid, Gredos, 1969.

— *El hombre y su lenguaje* — Madrid, Gredos, 1977.

— *Principios de semántica estructural*, Madrid, Gredos, 1977.

— *Tradición y novedad en la ciencia del lenguaje*, Madrid, Gredos, 1977.

DOPAGNE, J. — *Magritte* — Paris, Fernand Hazan Éditeur, 1977.

DRUMMOND DE ANDRADE, C. — *Obra Completa* — Rio, Aguilar, 1967.

DUBOIS, J. et al. — *Dicionário de Lingüística* — São Paulo, Cultrix, 1978.

ECO, U. — *Obra Aberta* — São Paulo, Perspectiva, 1968.

— *Le Forme del Contenuto* — Milão, Bompiani, 1971.

— *Tratado de semiótica general* — Barcelona, Lumen, 1977.

EISENSTEIN, S. — *Reflexões de um Cineasta* — Lisboa, Arcádia, 1972.

FOUCAULT, M. — *Vigiar e Punir* — Petrópolis, Vozes, 1977.

GREIMAS, A. J. — *Sémantique structurale* — Paris, Larousse, 1966 (tradução brasileira: *Semântica Estrutural,* São Paulo, Cultrix, 1973).

GUIMARÃES ROSA, J. — *Sagarana* — Rio, José Olympio, 1965.

HALL, E. — *The Silent Language* — New York, Anchor Books, 1973.

— *A dimensão Oculta* — Rio, F. Alves, 1977.

HANSEN-LØVE, O. — *La révolution copernicienne du langage dans l'oeuvre de Wilhelm von Humboldt*, Paris, Vrin, 1972.

LYOTARD, J. F. — *Discours, Figures* — Paris, Klincksieck, 1974.

MARTINET, A. — *Éléments de linguistique générale* — Paris, Armand Colin, 1967.

MATORÉ, G. — *La méthode en lexicologie* — Paris, Didier, 1973.

MENDES CAMPOS, P. — *Poemas* — Rio, Civilização Brasileira, 1979.

OGDEN, C. K. e RICHARDS, I. A. — *The meaning of meaning* — New York, Hartcourt, Brace & Co., Inc., 1956.

PASSERON, R. — *Clefs pour la peinture* — Paris, Seghers, 1969.

PEIRCE, Ch. S. — *Semiótica* — São Paulo, Perspectiva, 1977.

PESSOA, F. — *Poemas de Alberto Caeiro* — Lisboa, Ática, 1952.

PLATÃO — *Cratyle* — Edição Oeuvres Complètes, Paris, "Les Belles Lettres", 1950.

POTTIER, B. — *Linguistique générale* — Paris, Klincksieck, 1974.

RAMOS, G. — *Vidas Secas* — São Paulo, Liv. Martins Ed., 1968.

REY, A. — *Théories du signe et du sens* — Paris, Klincksieck, 1973.

ROBIN, R. — *História e Lingüística* — São Paulo, Cultrix, 1977.

SAINT AUGUSTIN — *Oeuvres*, n.º 11 — *Le Magistère Chrétien* — Paris, Desclée de Brouwer et Cie, 1949.

SAUSSURE, F. de — *Cours de linguistique générale* — Paris, Payot, 1975 (edição crítica preparada por Tulio de Mauro) tradução brasileira: *Curso de Lingüística Geral,* São Paulo, Cultrix, 1974.

SCHAFF, A. — *Langage et conaissance* — Paris, Anthropos, 1974.

ULLMANN, S. — *Précis de sémantique française* — Berna, Francke, 1952.

— *Semântica* — Lisboa, Gulbenkian, 1967.

WARTBURG, W. v. — *Problèmes et méthodes de la linguistique* — Paris, P. U. F. — 1963.

WHITNEY, W. D. — *La vie du langage* — Paris, Lib. Germer Baillière, 1875.

WHORF, B. L. — *Linguistique et anthropologie* — Paris, Denoël, 1969.

Impressão e Acabamento
Cometa Grafica Editora
Tel- 11-2062 8999
www.cometagrafica.com.br